名师名校名校长

凝聚名师共识
回应名师关怀
打造名师品牌
培育名师群体

浸润·成长

基于真实生活场景的育人实践

毕丽容 / 著

中国出版集团　现代出版社

图书在版编目（CIP）数据

浸润·成长：基于真实生活场景的育人实践 / 毕丽
容著. — 北京：现代出版社，2022.10

　　ISBN 978-7-5143-9773-4

　　Ⅰ.①浸⋯ Ⅱ.①毕⋯ Ⅲ.①习惯性—能力培养—学
前教育—教学参考资料 Ⅳ.①G613.3

中国版本图书馆CIP数据核字（2022）第197580号

浸润·成长：基于真实生活场景的育人实践

作　　者	毕丽容	
责任编辑	窦艳秋	
出版发行	现代出版社	
地　　址	北京市安定门外安华里504号	
邮政编码	100011	
电　　话	010-64267325　64245264	
网　　址	www.1980xd.com	
印　　制	北京政采印刷服务有限公司	
开　　本	710mm×1000mm　1/16	
印　　张	11	
字　　数	176千字	
版　　次	2022年10月第1版　2022年10月第1次印刷	
书　　号	ISBN 978-7-5143-9773-4	
定　　价	68.00元	

第一章　一日生活课程促进幼儿良好习惯养成的实践研究

　　第一节　一日生活课程的研究背景　·················　2

　　第二节　一日生活课程的现实意义　·················　4

　　第三节　一日生活课程的研究思路　·················　6

　　第四节　一日生活课程的研究方法　·················　7

　　第五节　一日生活课程体系的建构　·················　8

　　第六节　一日生活课程的研究成果　·················　15

第二章　一日生活科学保教指导手册

　　第一节　小班一日生活科学保教指导手册　··········　21

　　第二节　中班一日生活科学保教指导手册　··········　32

　　第三节　大班一日生活科学保教指导手册　··········　40

第三章　一日健康生活课程实录

　　第一节　小班健康生活课程　·······················　53

　　第二节　中班健康生活课程　·······················　74

　　第三节　大班健康生活课程　·······················　123

基于真实生活场景的育人实践

第四章　一日生活环节活动观察案例

第一节　小班行为培养之盥洗 …………………………… **158**

第二节　中班行为培养之进餐 …………………………… **162**

第三节　大班自理能力培养之值日 …………………… **167**

第一章

一日生活课程
促进幼儿良好习惯养成的
实践研究

第一节　一日生活课程的研究背景

一、文件精神的专业指引

目前，学前教育事业由数量的扩张转向质量的提升，为了全面提高保教质量，促进幼儿身心健康发展，我们依据《3—6岁儿童学习与发展指南》（以下简称《指南》）以及广东省教育厅在2015年12月印发的《广东省幼儿园一日活动指引（试行）》（以下简称《指引》）进行了一日生活课程的研究。《指引》明确指出，幼儿园一日活动是幼儿从入园到离园的一天时间里，在幼儿园室内外各个空间、场景中所发生的全部与生活相关的经历。我们在实践工作中发现，幼儿园一日生活课程蕴含着许多教育契机，可以说学习随时随地发生着，如果能真正抓住生活活动中隐含的教育价值，对幼儿进行教育，教育就会取得很好的效果。

二、新时代的发展需要

从国家层面来说，在2018年的全国教育大会上，习近平总书记明确提出素质教育是教育的核心，提出德智体美劳的总体要求：要从偏重智育向德智体美劳全面发展转变，努力构建德智体美劳全面培养的教育体系；把立德树人贯穿到教育工作的各领域、各环节中，使素质教育具体化，培养全面发展的新时代社会主义接班人。素质教育的核心是各种良好习惯养成的前提，良好的行为习惯对幼儿的学习、生活至关重要。

三、幼儿园的育人目标

我园以"健康育儿童，育健康儿童"为教育理念，一直在努力进行以健康为特色的品牌建设：已形成了"让孩子的情感与运动结缘，让孩子的身体与球共舞"的球类特色园本课程以及以"尊重、理解、信任、发展"为课程核心理念的《幼儿心理健康活动指导手册》，为培养身心健康的幼儿夯实了坚定的基础。同时，我们也意识到，良好的生活自理能力、生活行为习惯等的养成能帮助幼儿形成积极的、健康的生活方式。基于幼儿园的真实生活场景，我们必须构筑指向幼儿卫生行为习惯和自理能力提升的一日生活科学保教课程体系，完整构建"健康育人"的园本课程，在良好的精神和物质环境中，在长期的良好行为培养、生活能力养成、个性品质形成的过程中，实现"体健、合群、快乐、自信"的育人目标。

四、学前儿童的特点要求

处于学前阶段的儿童，对世界充满好奇，有极强的求知欲和模仿力。同时，他们各种大肌肉运动和精细动作日趋灵活，正是学习各种动作技能和行为习惯的关键时期。幼儿园是幼儿学习和生活的重要场所与场景，可以说，幼儿园一日生活是实施幼儿园保育和教育的主要途径。同时，同伴是幼儿学习和生活的重要对象，在一日生活活动中，因为自主性较强，结构化活动少，幼儿常常三三两两聚在一起交流、嬉戏、协作，同伴间各种行为习惯随之互相影响模仿。因此，幼儿在幼儿园的日常生活中能了解基本的生活常识，掌握健康的技能，学习健康的生活方式，形成良好的作息、生活习惯，这对幼儿一生的健康发展都有促进作用。

第二节　一日生活课程的现实意义

一日生活课程促进幼儿良好行为习惯养成的实践与研究不仅基于相关文件指引要求，更是幼儿园课程有效实施的保障，对于幼儿成长、教师发展乃至幼儿园优质保教都具有现实意义。

一、提升保教质量，丰富园本课程体系

我园自2000年办园以来，尽管一直强调保教结合，但缺少具体的指导策略，导致新教师、保育员在一日生活课程实施过程中缺乏始终如一贯彻保教结合原则的全面性、细致性；保教结合意识不到位；相关培训机制有待完善。因此，一日生活课程的实践与研究旨在帮助保教人员进一步更新"保教结合"理念，提高其在课程实施过程中的可操作性，真正从幼儿身心健康发展出发，关注各环节对不同年龄段幼儿的习惯养成目标，选择科学有效的支持方式，从而切实提升课程的保教质量。同时，编制《一日生活科学保教指导手册》也将成为促进教师提升专业观察和指导能力的范本，帮助其捕捉幼儿在一日生活活动中生成的话题与兴趣，并以此丰富我园一日生活化园本课程体系。

二、提高幼儿自理、自律能力，促进幼儿健康发展

1. 提升幼儿良好自理能力，形成健康生活习惯

《幼儿园教育指导纲要（试行）》（以下简称《纲要》）明确指出：培养幼儿良好的饮食、睡眠、盥洗、排泄等生活习惯和生活自理能力。教师在一日生活中注重幼儿健康的生活习惯和自理能力的培养，促使幼儿在习得生活自理能力的基础

上，通过外力影响和内力驱动，形成积极的生活方式，养成讲卫生的生活习惯，有利于培养幼儿的责任心、自信心，以及自己处理问题的能力，为其今后的人生打下牢固的基础。

2. 培育幼儿良好的规则习惯，提高其自律意识

幼儿期是幼儿身心发展、社会性以及个性形成的关键期，幼儿的规则行为是幼儿社会学发展的重要内容，也是幼儿健全人格的重要组成部分，对幼儿一生的发展都有着极其重要的影响。《幼儿园工作规程（2016版）》第二十七条规定："幼儿园日常生活组织，应当从实际出发，建立必要、合理的常规，坚持一贯性和灵活性相结合，培养幼儿的良好习惯和初步的生活自理能力。"由此可见，在一日生活课程中，培养幼儿良好的规则意识是幼儿园教育的重要内容。

三、促进教师反思、调整策略，提升教师专业素养

一日生活课程是教师基于幼儿年龄特点与基本需求的了解，反映一定的教育价值而组织的活动。教师面对的是不同幼儿的生长、经验及发展需求，它需要教师追随幼儿的兴趣，依据幼儿的需要，了解幼儿的行为表现，反思自身的教育策略，调整活动的方案，通过环境的创设、活动内容的设计、同伴间的影响等，让一日生活课程更好地落在幼儿的"最近发展区"，进而有效推动幼儿自主学习能力与经验的提升。对教师而言，一日生活课程中具备丰富的教育契机，应充分挖掘幼儿的内在潜能，抓住一日生活各环节中的教育契机，努力调整自身的教育行为，通过不断反思，提升专业素养，从指导者真正转变为幼儿学习的支持者。

第三节　一日生活课程的研究思路

　　本研究主要分为现状分析、理论梳理和一日行为习惯养成的探索三个部分：一是幼儿园一日生活课程中幼儿行为习惯养成的现状分析；二是通过理论层面的研究提取一日生活课程对促进幼儿良好行为习惯养成有价值的内容；三是在理论与实践相结合的基础上探索一日生活课程促进幼儿行为习惯养成的策略。一日生活课程研究思路如下图所示。

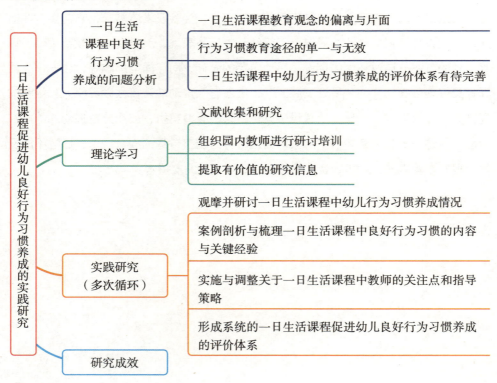

第四节 一日生活课程的研究方法

一、文献研究法

通过文献研究法反映幼儿园一日生活课程实施的现状趋势，从相关文献资料中了解目前幼儿园关于一日生活课程促进幼儿良好行为习惯养成研究中的不足，结合前人的研究成果，提炼出本研究的理论和实践价值。

二、自然观察法

自然观察法是在自然情景中对幼儿的行为进行有目的、有计划的系统观察和记录，观察者可以用自己的感官和辅助工具去直接观察幼儿并做记录，然后对所做记录进行分析，发现幼儿行为发展规律的方法，其最大的优点是观察的资料比较真实。

三、个案研究法

通过收集案例、剖析案例行为，深入了解在一日生活课程中各个部分渗透健康素养教育的效果以及教师指导策略的应用情况。

四、行动研究法

通过在观察幼儿一日生活课程中的行为习惯，提出问题，拟订解决方法，将解决方法落实到实践中并继续观察实践的效果，提出并进一步改进，在实践中总结归纳一日生活课程关于促进幼儿良好行为习惯养成的做法和经验。

第五节 一日生活课程体系的建构

　　幼儿的一日生活皆课程。课程来源于幼儿的真实生活、周围的现实环境、细小的情境。一日生活科学保教课程重在以儿童的真实生活为场景，以儿童的发展为需要，以儿童的实际经验为基础，以儿童的视角和水平为起点，实施开放的、适宜的、真实的活动。

一、一日生活课程的目标

　　一日生活课程以幼儿身心发展的客观规律为基础，从幼儿兴趣、动机和需求出发，创设、提供各种有效和适宜幼儿身心、个性发展的教育环境。在一日生活科学保教课程中，强调保教结合，旨在纠正一日生活教育观念的偏离、片面与保教分离的状况，解决一日生活中行为习惯教育途径的单一与无效，以及一日生活课程中幼儿行为习惯养成的评价体系有待完善等问题，推进保教一体化、科学化，促进幼儿园一日活动的整体构建，从而培养体健、快乐、合群、自信的幼儿。

　　我们在文献研究、自然观察、实践研究和充分研讨的基础上，依据不同年龄段幼儿发展水平的差异，将幼儿园一日生活科学保教课程的目标进行梳理（见下表）。

一级目标	二级目标
生活习惯	1.主要通过生活活动的七个环节进行保教融合，培养幼儿良好的作息习惯、睡眠习惯、排泄习惯、饮食习惯、进餐习惯、整理物品习惯等，形成健康、科学、文明的生活常规。 2.帮助幼儿树立自我服务意识和较好的生活自理能力，使其能够做到自己的事情自己做，培养幼儿良好的生活行为习惯和自理能力

一级目标	二级目标
卫生习惯	1. 帮助幼儿了解和掌握初步的卫生常识与技能，逐步提高幼儿的生活自理能力。 2. 帮助幼儿获得预防常见病的简单知识，初步培养幼儿不怕伤痛、乐于接受预防接种和疾病治疗的态度及行为
学习习惯	1. 培养幼儿的学习兴趣，使其好问乐学。 2. 培养幼儿的注意力，使其爱动脑筋，勤于思考。 3. 使幼儿遵守学习纪律，具有学习的主动性、积极性和坚持性。 4. 使幼儿学习时能与同伴互助、合作和分享
礼仪习惯	1. 培养幼儿良好的与人交往习惯，使其与人交谈合乎情理，讲话礼貌。 2. 使幼儿注意倾听对方讲话，能主动参与各项活动，有自信心，乐意与人交往，学习互助、合作和分享。 3. 让幼儿遵守进餐礼仪，坐姿端正，握勺正确，进餐细嚼慢咽，不大声喧哗。 4. 让幼儿理解遵守日常生活中的社会行为规则
安全行为	1. 培养幼儿安全和自我保护意识与能力，使其了解生活中的安全标志。 2. 让幼儿了解身体主要器官的功能及重要性，懂得自我保护的常识。 3. 培养幼儿集体活动中的规则意识，让其了解户外活动中自我保护的方法

二、一日生活课程的内容

一日生活课程以"保教结合"为理念，录制了科学有效的保健视频，提供了合理适宜的教师支持策略，开发设计了以幼儿为中心的生成性课程，课程重视幼儿的发展需求和心理需要，基于幼儿的实际经验，强调预设与生成相结合，是对传统的幼儿园课程观、儿童观、教育观的突破与创新。

（1）以线上视频为载体，实现资源共享。研究组依据《指南》《纲要》等文件精神，提炼了一日生活中健康生活、良好习惯养成的元素，从科学、保健等方面形成适合不同年龄段幼儿的生活化活动，基于本园特色的健康教育亲子游戏，设计了具体的实践方案、视频演示等指导家庭科学育儿。研究组所属子课题花都区教育科学规划课题"幼儿园卫生保健在线课程资源开发与应用研究"录制了40余个卫生保健课程视频，收录在花都区教育局万课网，向家庭、集团园推广培养幼儿卫生习

惯与自理能力小妙招，实现资源共享。

（2）以指导手册为抓手，指引教师专业化。在原有园本《一日生活活动环节常规工作要求》的基础上，我们提炼归纳了可操作、可推广的《一日生活科学保教指导手册》，整本手册依据《指引》中提到的生活活动七大环节梳理了幼儿行为习惯的核心经验以及教师在每个环节中对幼儿需要养成的行为习惯的关注点，分为入园环节、饮水环节、进餐环节、盥洗环节、如厕环节、午睡环节、离园环节。七大环节又按幼儿年龄特征细化为大班、中班、小班，突破了《指引》的泛年龄问题，细化到每个年龄段幼儿发展的具体行为以及教师观察点。每一环节的结构包括三大部分：①核心经验部分，主要区分各个环节中不同年龄段的幼儿逐步达到的具体行为表现或发展水平；②教师关注部分，此部分提取关键词，方便教师在实施过程中使用；③教师操作部分，此部分具体指出不同岗位教师的基本要求、指导策略、环境建议等。

（3）以生活问题为导向，实施课程生活化。幼儿的一举一动、一言一行都隐含着有价值的契机，根据幼儿的发展需要，我们把握教育时机，将生活中发生的偶然事件整合成健康生活课程内容。本书涵盖了入园、饮水、如厕、进餐、午睡、盥洗、离园七大环节，每个环节都挖掘了幼儿感兴趣的话题。我们形成了具有特色的小班、中班、大班不同的课程内容模式。

小班幼儿因自我意识逐步发展，社会性交往以自我为中心。因此，在小班阶段，课程内容围绕幼儿自身，由"我自己"引发话题，重点让幼儿运用多种感官参与到丰富的课程活动中，以拟人化的方式让幼儿感知周边事物，获得发展。例如，围绕如厕环节出现的问题，幼儿关注到自己的小便是黄色的，随即师幼开展了一系列活动，探究小便是黄色的原因——喝的水太少了，于是生成了"还有谁要喝水—不喝水会怎么样—什么时候才要喝水—你会好好喝水吗"一系列活动，让幼儿亲身体验喝水对身体的重要性。

中班幼儿的认知力、观察力等相较于小班幼儿有较大发展，也能更好地关注他人、集体。因此，中班年龄段幼儿的课程内容注重问题与问题之间的联系，问题也基于幼儿兴趣点、经验点等产生。如离园环节，幼儿关注到同伴收拾整理的速度慢、离园前物品丢三落四等现象，于是教师组织幼儿进行讨论——离园前要做哪些事情？在讨论中，幼儿又发现离园前要做的事情太多，时间不够用。根据幼儿的经验，教师与幼儿共同认识时间、梳理离园前工作、完成每件事情的时间。幼儿充分探索表达后，又发现了新的探究点：整理完有剩余时间还可以做什么？幼儿也从无序的离园状态逐渐过渡到有序的离园生活，进而延伸到在家庭中能够自主整理物品、做事情有条理。

大班幼儿抽象逻辑能力得到萌发，观察、理解、思维、为集体服务的意识都有很大提高，尤其在遇到问题时能积极思考，解决问题的能力也较强。因此，大班的课程内容主要以一个个事件来组成，围绕核心问题丰富拓展了一系列活动。

健康生活课程内容如下图所示。

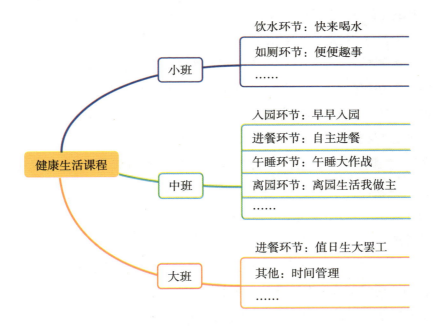

值得注意的是，健康生活课程是随着幼儿的发展需求、兴趣需要而开展的，小班、中班、大班健康生活课程的开展顺序、时间都会根据每个班幼儿的不同经验、发展水平及教师教学风格而调整，课程也仅仅是预设大致框架及脉络走向，具体实施时也会更加关注幼儿的想法、兴趣，生成新的话题。同时，各年龄段的课程也进行留白，给予教师和幼儿思考与开展的空间，逐步丰富健康生活课程。

三、一日生活课程的实施

一日生活科学保教课程作为园本健康生活课程，在幼儿园实施近4年，在实际实施过程中，我们也积累了一些园本开展一日生活科学保教课程的经验，主要如下。

（1）在课程师资方面，园内外学习相结合。幼儿园设置一日生活教研组，以"1+1+3"主题园本研修方式（第一个"1"指确定以某一种活动类型为研修子主题，第二个"1"指拟定在该主题活动下的一个针对性问题，"3"指参与幼儿园的级组备课、参与幼儿园组织的教研活动、举办主题微讲座），通过现场观摩、案例剖析等形式研讨一日生活环节的组织策略与指导要点，发挥自我反思、同伴互助、研训结合的合力，打造新型高效的园本研修模式。同时，我们深入开展区园联动，通过"区教研院—教育指导中心—幼儿园—教研组"协同分层教研管理，采用线上线下相结合的研修方式，接受市区学前教育相关专家、教研员进班指导半日活动，关注教师科学合理的半日组织能力。此外，我们聘请相关专家开设讲座，整合专家资源，借助区域智慧教研平台，探索教师专业成长发展的新机制。

（2）在课程实施途径方面，多途径拓展实施。幼儿园一日生活科学保教课程通过多种途径实施，实施主体为幼儿，以游戏为基本方式，主要包括一日生活与区域活动的整合，小组、集体、个体等学习活动，健康生活课程，自理能力展示活动，多领域渗透，环境渗透，家园社区有机结合。

（3）在课程实施过程方面，采用一日生活科学保教课程开发的六环节实施模式，即"捕捉兴趣（发展需求）—生成问题—引导探究—讨论深化—多元表达—拓展延伸"。课程开始前，教师捕捉一日生活中幼儿的兴趣或发展需求，如在某一次如厕时幼儿对"小便是黄色的"这一现象非常感兴趣，教师评估问题探索的可行性和价值性。然后通过头脑风暴，生成一系列问题，如"小便为什么是黄色的？""其他小朋友的为什么是无色的？""不喝水身体还会发生什么状况？"……此过程讨论课程开展的有效性和逻辑性。接下来，教师引导幼儿分组探索，商量问题解决的方法和策略。有的幼儿通过绘本了解小便的形成过程，有的幼儿通过家园互动了解喝水与排便的关系。紧接着，幼儿对探索过程的发现进行讨论、总结，以语言、符号表征等形式记录探索过程，幼儿通过直接感受、实际操作了解喝水对身体的重要性，装水的秩序要求。幼儿在探究过程中也愿意主动喝水，正确喝水。最后将探索过程习得的经验、养成的习惯拓展延伸到一日生活中，帮助幼儿形成良好的、科学的饮水习惯。

（4）在课程整合方面，实现多领域活动整合。在课程实施过程中，我们注重健康、语言、社会、科学、艺术五大领域之间和目标之间的渗透与整合，关注各活动环节的自然衔接。例如，在语言领域使用儿歌、故事表演的方式，让幼儿学习叠衣服、穿袜子等，提高其生活技能；在社会领域通过营造良好的班级环境，建立良好的师幼关系、同伴关系，引导幼儿学会遵守规则，在饮水、如厕等生活中学会遵守秩序；美术领域进行一日活动安排的计划与绘画记录；水果餐环节通过图示等环境的提示，引导幼儿根据标志取相应数量的水果，以此渗透科学领域中按数取物等方面的相关经验；等等。

四、一日生活课程的评价

我园坚持多元多向的课程评价方式，对一日生活科学保教课程进行评价。我们坚持评价的发展性导向，通过一日生活科学保教课程的评价实现一日活动的改进、保教课程的改进和培养幼儿良好行为习惯方式的改进。第一，评价内容：主要从生活习惯、卫生习惯、学习习惯、礼仪习惯和安全行为五个维度进行评价。第二，评价方式：注重数据的积累和对比分析，强调评价的真实性和客观性。其中，既有过程性的即时评价，也有课程结束时、结束后的总体表现评价。评价的主要工具为自编的量表和问卷、幼儿成长档案、访谈记录、观察记录等。第三，评价主体：对于幼儿行为习惯养成及其相关指标的评价主要由教师实施；同时，形成多方互动支持的评价模式，构建涵盖教师、幼儿、同伴以及家长的多元评价主体。第四，评价标准：一日生活科学保教课程实施过程中的幼儿评价形成两级指标体系。其中，一级指标包括生活习惯、卫生习惯、学习习惯、礼仪习惯和安全行为；二级指标包括生活自理能力、独立自主性，良好的健康卫生习惯，学习和探究的兴趣、规则意识，良好的礼仪行为、自信心与交往沟通能力、责任感，安全意识与自我保护能力。

为了清晰表达一日生活科学保教课程的课程体系，我们对其进行总结和提炼，

梳理了如下思路图。

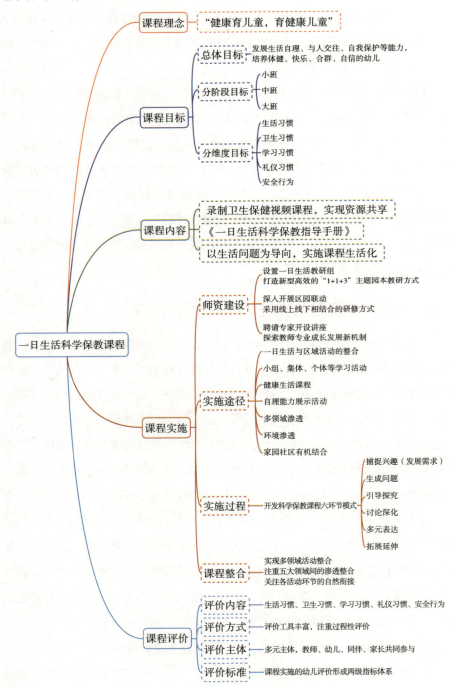

课程理念 —— "健康育儿童，育健康儿童"

总体目标 —— 发展生活自理、与人交往、自我保护等能力，培养体健、快乐、合群、自信的幼儿

课程目标

分阶段目标 —— 小班 / 中班 / 大班

分维度目标 —— 生活习惯 / 卫生习惯 / 学习习惯 / 礼仪习惯 / 安全行为

课程内容
- 录制卫生保健视频课程，实现资源共享
- 《一日生活科学保教指导手册》
- 以生活问题为导向，实施课程生活化

一日生活科学保教课程

师资建设
- 设置一日生活教研组 打造新型高效的"1+1+3"主题园本教研方式
- 深入开展区园联动 采用线上线下相结合的研修方式
- 聘请专家开设讲座 探索教师专业成长发展新机制

课程实施

实施途径
- 一日生活与区域活动的整合
- 小组、集体、个体等学习活动
- 健康生活课程
- 自理能力展示活动
- 多领域渗透
- 环境渗透
- 家园社区有机结合

实施过程 —— 开发科学保教课程六环节模式
- 捕捉兴趣（发展需求）
- 生成问题
- 引导探究
- 讨论深化
- 多元表达
- 拓展延伸

课程整合
- 实现多领域活动整合
- 注重五大领域间的渗透整合
- 关注各活动环节的自然衔接

课程评价

评价内容 —— 生活习惯、卫生习惯、学习习惯、礼仪习惯、安全行为

评价方式 —— 评价工具丰富，注重过程性评价

评价主体 —— 多元主体，教师、幼儿、同伴、家长共同参与

评价标准 —— 课程实施的幼儿评价形成两级指标体系

第六节　一日生活课程的研究成果

　　我们秉承"健康育儿童，育健康儿童"的教育理念，坚持"幼儿园一日活动皆为课程"的大课程观，在积极践行《纲要》《指引》等文件精神的同时，注重挖掘园内外教育资源与契机，在"理解需求、尊重个性、基于经验、注重体验、形成习惯"的基础上，努力构建以"优质保教"为特色的园本化活动课程。我们基于幼儿园真实生活场景，探索一日生活如何促进幼儿良好行为习惯养成，在不断的研究和反复实践与检验中，取得了以下成果。

一、整理形成了《一日生活科学保教指导手册》

　　历时近4年的实践与研究对我园的"保教结合"工作产生了积极的推动作用，提升了幼儿园教职员工的"保教结合"理念与技能。我们在原有园本《一日生活活动环节常规工作要求》的基础上，提炼归纳了可操作、可推广的《一日生活科学保教指导手册》，它既是保教人员工作的参考用书、职前培训的工具书，更是集体智慧与反复实践研究的成果。

二、开发与应用了幼儿园卫生保健在线课程资源

　　2020年突发的新型冠状病毒疫情使得一日生活课程的课题研究由线下转到线上课程资源开发，制定了适合幼儿园开展的主题系列活动"冠状病毒我不怕"，带领全体教师从科学、保健等方面形成适合不同年龄段幼儿的生活化活动，帮助幼儿建立完善的预防疾病生活经验，从生活中体验卫生习惯养成的重要性并形成保持卫生习惯的意识，真正做到"生活即教育，教育即生活"。对于第二期线上

亲子课堂，基于本园特色的健康教育亲子游戏，教研组成员设计了具体的实践方案、视频演示等指导家庭科学育儿，促进幼儿培养良好的行为习惯，提高生活自理能力。教研组录制了40余个卫生保健课程资源，向家庭推广卫生习惯和自理能力的运用与实践。该应用研究从有效教育的角度出发，让幼儿在日常生活中能自主掌握预防疾病的有效措施。另外，课题中提出的家园配合的一些对策以及建议，可以为幼儿园及家长开展幼儿卫生保健习惯的养成教育提供理论借鉴。

三、归纳提炼了《一日生活环节活动观察案例集》

课题研究改变了过去课程资源的单一性，家庭、社区逐渐成为课程生成和实施的助力平台。本研究充分利用家庭、社区的环境和人力、物质资源等开展行为习惯养成活动。如小班，为了帮助幼儿更好地掌握穿脱衣服的技巧以及独立穿衣的习惯，教师通过家园携手合作，为幼儿创造一致的教育环境；在班群以及家园交流成长手册中都与家长进行了充分的沟通，赢得了家长的理解与支持。家长和教师站在统一战线上，有原则地放手，给予孩子充分的独立穿衣的机会，这对孩子穿衣自理能力的养成起到非常关键的作用。中班针对要不要遵守规则与幼儿开展讨论，通过家庭指导建议（制定家庭公约、家长的榜样作用、亲子阅读、外出关注规则标志等），帮助幼儿内化遵守规则意识，建立心理机制，逐渐形成自觉遵守规则的行为。课题组教师共同整理了一日生活七大环节中每个环节的教育建议、家庭指导建议等，对教师在一日生活课程中培养幼儿良好的行为习惯有着重要的参考意义。

四、汇编了《健康生活课程》园本特色课程故事书

《健康生活课程》是在园本七彩童心课程的基础上衍生而来的基于幼儿一日真实生活场景的育人实践成果，也在探索与践行《指引》精神。它以一日生活七大环节为教育契机，根据幼儿的发展需求、兴趣需要以及每个班幼儿的不同经验、发展水平及教师教学特色调整生活动课程内容。我们依托一日生活课程的研究与实践，不断挖掘园本得天独厚的一日生活课程教育资源，探索与建构了具有

园所特色的小班、中班、大班健康生活课程故事书。课程预设了大致框架及脉络走向，具体实施时也会更加关注幼儿的想法、兴趣，生成新的话题。同时，各年龄段的课程也进行了留白，给予教师和幼儿思考与发展的空间，逐步丰富生活化课程。

第 二 章

一日生活
科学保教指导手册

根据《指引》精神，幼儿从入园到离园的一天时间里，在园各个空间发生的全部经历都是幼儿园一日活动，这也印证了一日生活皆课程，一日活动中随处可见学习契机。

《指引》为我们提供了实践的具体方向：明确幼儿在园的学习与生活内容。但是，要想转化成教师的行动，引导幼儿形成良好的行为习惯，还需教师的学习与教育。杜威认为，所谓教育就是经验连续不断地改组和改造的过程。由此可见，经验是教育的目的，也是教育的方法。

我们基于以杜威为代表的实用主义教育学理论，以儿童的经验作为基本依据，对照《指南》各年龄段的发展要求，尝试呈现《指引》中的目标与内容要求。其中，核心经验便是幼儿发展与学习中所必须关注的核心要素。从全人格培养和发展目标来看，一日生活课程中对于幼儿行为习惯的养成所涵盖的内容是相当丰富的，如卫生习惯、行为习惯等。我们结合园所实际，梳理形成了以下一日生活课程中幼儿良好行为习惯养成的核心经验；同时，对于每个环节中班级（两教一保）教师的关注点、基本要求、指导策略、环境创设建议也做了详细说明。

第一节 小班一日生活科学保教指导手册

环节	小班	教师关注点	教师的基本要求	
			教师	保育员
入园	1.穿着整洁，有意识地整理好自己的穿着。2.经常保持愉快的情绪，喜欢教师和同伴（有比较强烈的情绪时，能在成人提醒下逐渐平静下来）。3.能使用礼貌用语主动向教师问好，并和家长道别。4.能主动将书包放在指定位置。5.积极参与晨练，有自己的玩法。	1.幼儿来园时着装的适宜度。2.幼儿来园时的情绪积极度。3.幼儿来园时的精神状态是否良好。4.幼儿来园时，晨检的配合度。5.幼儿来园后洗手的主动情况	1.巡视班级环境，为迎接幼儿和开展晨间活动做好准备。2.准时到达晨接地点，着装整洁、得体，精神饱满。3.面带微笑，热情迎接幼儿和家长，主动向幼儿问好并引导幼儿礼貌打招呼。4.对家长的特殊合理要求做好记录，并及时让搭班教师、保育员知晓。5.引导幼儿有序依次放个人物品（书包、毛巾、胸包等），引导幼儿尝试完成自我服务。6.检查幼儿所携带的物品，发现危险物品，代为保管并及告知家长。7.关注幼儿来园时的情绪，对情绪不佳的幼儿及时安抚并向家长了解原因。	1.做好幼儿生活的准备工作，确保课室干净整洁、空气流通，检查物品及饮用水温度，确保安全。2.协助教师做好接待工作，必要时主动与家长沟通。3.观察幼儿情绪及身体状态，如有需要，协助教师处理。4.指导幼儿辨识自己的标记并摆放物品，引导幼儿尝试完成自我服务。5.提前检查晨练环境中是否有破损物以及危险品，及时处理，消除环境中的安全隐患。6.根据气温和幼儿个体差异提醒幼儿及时增减衣服。7.配合教师陪同有特殊需要的幼儿暂时离开场地。8.观察幼儿的活动情况，协助做好保健、安全等工作，提示并引导幼儿学习躲避等基本的自我防护。

续 表

环节	小班	教师关注点	教师的基本要求	
			教师	保育员
入园	6.掌握正确的洗手方法，主动将小手洗干净。 7.进班后能主动将杯子、毛巾等个人物品摆放好，并饮用少量水		8.提供轻器械材料，支持幼儿晨间游戏。 9.确保幼儿在自己的视线范围内，关注有特殊需要的幼儿并陪同其（两位教师随机）暂时离开场地。 10.观察幼儿的活动情况，做好保健、安全等工作，提示并引导幼儿学习躲避等基本的自我防护	9.活动后两位教师互相配合，引导幼儿整理器械、衣物，清点幼儿后回课室
			环境创设建议	1.根据主题、季节的变化，与幼儿共同讨论有关晨练、按时回园的话题，鼓励幼儿按时来园，积极参与晨间锻炼，并酌情使其成为主题环境的一部分。 2.绘制来园流程图，支持幼儿更好地完成自我服务
饮水	1.愿意饮用白开水，知道口渴了要饮水。 2.能够看懂自己的标记，正确取放水杯。 3.在教师的引导下，接适量的水，饮多少接多少。 4.初步了解剧烈活动后稍做休息再饮水，不急饮水（剧烈运动后能在教师的提示	1.饮水机的水温是否适宜。 2.幼儿取放水杯的方法是否正确（杯柄朝外）。 3.幼儿接水的方法是否正确（水杯对着饮水机接口）。 4幼儿装水量是否适宜。	1.用生动适宜的方式强调喝水的重要性，帮助幼儿简单了解喝水与身体健康之间的关系。 2.指导幼儿认识自己的杯子和摆放位置，避免错拿错放。 3.在户外活动前后及午睡后引导幼儿喝水，关注幼儿饮水量，保证幼儿一日450~600毫升的饮水量。 4.根据季节、气候、活动需要，灵活地引导幼儿在随机饮水时间根据自己的需要及时喝水，并关注与引导不爱喝水的幼儿。	1.关注所有幼儿的喝水情况，有针对性地在户外活动前后以及午睡起床后帮助幼儿提前装好适量的水，以确保幼儿一日活动中必需的饮水量。 2.对个别不会自己接水喝或不自觉接水喝的幼儿有针对性地进行引导。 3.提醒幼儿有序取放水杯，并在课室合适的位置喝水，喝完后有序放回水杯，避免碰撞。 4.允许幼儿有个体差异，喝水速度有快有慢，不催促、不干涉。

环节	小班	教师关注点	教师的基本要求	
			教师	保育员
饮水	或引导下稍做休息再饮水）。 5.在教师的引导下能够有序接水，不玩水杯，不推搡。 6.掌握拿水杯的方法，能够捧着水杯找人少的位置或在座位上饮水，不影响同伴取水。 7.在教师的引导下能够有序放水杯，将水杯柄朝外放，并关好杯柜门	5.幼儿接水后是否会离开饮水机。 6.幼儿是否会排队等待接水。 7.饮水后幼儿是否将水杯送回相应的位置	5.关注身体不适的幼儿，根据实际情况适当增加幼儿喝水次数或饮水量 环境创设建议	5.随时确保地面干燥，保持饮水机水槽和水杯架干爽、洁净。 6.关注幼儿衣服是否有水迹，必要时更换晾晒。 7.照顾身体不适的幼儿，根据实际情况提醒幼儿增加喝水次数或喝水量 1.合理规划饮水位置，保证幼儿喝水便利的同时也尽可能避免碰撞。 2.为每名幼儿的水杯位置贴上便于辨认的标记（图案、图形），在幼儿摆放水杯处，通过标记提示幼儿杯柄朝外。 3.将标记以图画等幼儿能理解的方式呈现在喝水区附近墙面上
进餐	1.餐前在教师的帮助下，愿意协助教师擦桌子、分毛巾等。 2.餐前使用洗手液根据七步洗手法图示将小手洗干净，并用毛巾擦干。 3.会正确使用小勺子进餐。	餐前： 1.幼儿是否将手洗干净。 2.餐桌是否干净并消毒。 3.幼儿是否对食物感兴趣 餐中： 1.幼儿独立进餐的情况。 2.幼儿进餐时的文明习惯（坐姿、专心等）。	餐前： 1.开展听故事、听音乐、手指游戏等安静的餐前活动，帮助幼儿做好愉快的进餐心理准备。 2.提醒幼儿进餐前如厕、洗手，对个别自理能力较差的幼儿提供必要的帮助和指导。 3.注意幼儿衣物是否有水渍或尿湿，必要时及时帮忙更换晾晒。 4.通过故事、视频等向幼儿介绍餐点名称及所含营养，激发幼儿的进餐兴趣。	餐前： 1.清理消毒进餐用品，做好桌面的清洁整理工作，引导能力强的幼儿尝试帮忙摆放餐具。 2.确认食物的温度，并将食物和容器摆放在安全位置。 3.了解班级幼儿进餐习惯，根据幼儿需要进行分餐，并照顾有特殊需要的幼儿。 餐中： 1.营造愉快的进餐氛围，不催促、不批评幼儿。根据主班教师的安排在观察全面的同时，兼顾个别。

环节	小班	教师关注点	教师的基本要求	
			教师	保育员
进餐	4.在教师的提醒下能保持正确的坐姿进餐，不含饭、不拖拉。 5.知道用餐规则和礼仪，并在教师的提醒下能够坐好；在教师的引导下有意识地保持桌面、地面整洁。 6.在教师的引导下，尝试多吃瓜果、蔬菜等新鲜食品，尝试不挑食、不贪吃。 7.初步了解不同的进餐方式，如自助餐、围餐等，学习文明进餐的礼仪并逐渐适应。 8.餐后在教师的提醒下能将餐具送到指定位置并分类收放好。	3.关注个别幼儿（体弱、自主进餐较困难的幼儿）的进餐情况。 4.幼儿能否正确使用餐具（勺子）。 餐后： 1.幼儿是否愿意将餐具分类送还指定位置。 2.幼儿餐后是否愿意漱口、擦脸。 3进餐较慢的幼儿是否有不良情绪。 4.在教师协助下，是否愿意擦桌子	餐中： 1.营造愉快的进餐氛围，不催促、不批评幼儿；三位教师合理分配站位，以保证既能观察全面，又能兼顾个别。 2.随机对幼儿用其能接受的方式进行膳食营养、进餐礼仪方面的教育，及时纠正个别幼儿的不良进餐习惯，如拿勺子姿势、坐姿等。 3.帮助幼儿自主取餐、进餐，减少等待时间，观察幼儿的进餐情况，及时满足幼儿的特殊需要（如如厕等），对进餐能力较弱、身体不适的幼儿给予必要帮助及照料。 4.根据幼儿进食量的差异有意识地为幼儿盛适量的饭。 餐后： 1.根据季节、天气和课程内容灵活组织幼儿进行适宜的餐后活动。 2.引导先吃完的幼儿开展自主活动，并提醒幼儿活动时不要影响其他幼儿进餐	2.在不影响幼儿情绪或给幼儿造成压力的前提下，随机对幼儿用其能接受的方式进行膳食营养、进餐礼仪方面的教育，及时纠正个别幼儿的不良进餐习惯，如拿勺子姿势、坐姿等，帮助幼儿养成良好的用餐习惯。 3.处理突发事件（餐点泼洒、呕吐等事件），帮助幼儿及时处理。 餐后： 1.观察并指导幼儿饭后漱口、洗手、擦嘴等情况，引导幼儿完成餐后整理活动。 2.幼儿用餐后使用洗洁精等再次将桌面擦干净并消毒（配班教师协助）。 3.做好餐具、桌椅、地面等的整理和消毒工作
		环境创设建议		1.提供方便幼儿餐后放置餐具的地方和用具。 2.在用餐环境中粘贴餐后整理流程图，指导幼儿掌握饭后有序收放餐具、擦嘴漱口、清洁桌面的正确方法

续表

环节	小班	教师关注点	教师的基本要求	
			教师	保育员
进餐	9.在教师的提醒下逐渐学会用正确的方法漱口，并在漱口后用毛巾或纸巾将小嘴擦干净			
盥洗	1.日常盥洗活动包括洗脸、洗手、漱口、梳头等。 2.知道饭前、便后、手脏时要及时洗手。 3.能在教师的引导下看懂图示，学习并熟悉正确的洗手方式。 4.开水龙头时知道要开小点，洗完手及时关掉水龙头，不浪费水。 5.自己试着或请教师帮忙卷袖口，不弄湿衣袖。 6.洗手后在教师的引导下能够用毛巾擦干水渍，不乱甩水。	1.幼儿是否会看图示、卷袖子，或主动请教师协助。 2.幼儿是否会耐心等待，有序排队。 3.幼儿是否会看图示、用七步洗手法洗手。 4.幼儿使用洗手液的情况。 5.幼儿洗手后是否会使用毛巾擦干双手。 6.幼儿漱口时是否会对准洗手盆口吐水。 7.幼儿洗手后是否会请教师协助整理衣袖	1.在幼儿饭前、便后、外出活动后或手脏时引导幼儿主动用洗手液洗手。 2.提醒幼儿洗手后用纸巾或自己的毛巾擦干双手。 3.鼓励幼儿在自己有需求的时候有序进行盥洗，提醒幼儿不在盥洗时间嬉戏打闹、玩水，确保盥洗时的安全。 4.提醒幼儿洗手后及时关水，培养幼儿节约用水的意识。 5.引导幼儿餐后、喝牛奶后主动取杯漱口，并尝试用正确的方法漱口。 6.帮助幼儿在起床后、脸脏时把脸洗干净。 7.协助暂时不能自理的幼儿顺利完成盥洗。 8.指导幼儿轻轻打开水龙头调至合适的位置，保持水流柔和	1.做好洗手间消毒、清洁工作，创设干净、卫生的盥洗环境。 2.时刻关注幼儿盥洗过程，确保安全。 3.为个别有需要的幼儿提供必要的提示或帮助。 4.密切关注幼儿盥洗时和盥洗后衣物情况，必要时帮其及时更换晾晒。 5.指导幼儿卷、拉衣袖，冬季应协助幼儿卷袖子和拉下里面的衣袖。 6.及时检查洗手液是否需要补充。 7.幼儿盥洗结束后，及时拖干地面的水，保持地板干燥整洁。 8.提醒幼儿漱口后把自己的水杯放回原处。 9.关注幼儿的漱口情况，及时给予个别指导，帮助幼儿养成漱口的习惯
			环境创设建议	1.通过图示等方式帮助幼儿建立有序喝水的常规。

环节	小班	教师关注点	教师的基本要求	
			教师	保育员
盥洗	7.在教师的引导下，餐点后及时漱口，学习用鼓漱的方法漱口，弯弯腰，漱口水对着洗手盆口吐掉。 8.脸上有污迹、午睡起床后愿意洗脸，洗脸后能尝试将毛巾拧一拧并悬挂起来。 9.遵守盥洗秩序，有序排队，轮流盥洗。 10.初步有节约用水的意识，不玩水、不打闹。 11.知道并愿意在起床后、头发凌乱时及时梳头			2.可在水龙头处张贴节水标志或指示条，引导幼儿开合适大小的水，避免浪费水资源。 3.合理设置取放水杯和接水的位置。 4.创设七步洗手法、挽衣袖、漱口等相关活动的步骤图
如厕	1.有便意时，会主动告知教师并到厕所及时排便。 2.有初步的性别意识，懂得选择正确的便池器。		1.引导幼儿有便意时主动就近如厕或告知教师，尽可能减少集体如厕。 2.通过游戏、故事等多种方式建立如厕常规，引导幼儿有序如厕，不推不挤。	1.随时保持卫生间地面干燥、无水迹，保持空气流通，无异味。 2.通过游戏、故事等多种方式帮助幼儿基本掌握基础的自理能力，如大便后擦屁股等。

续 表

环节	小班	教师关注点	教师的基本要求	
			教师	保育员
如厕	3.如厕时会自己脱、提裤子；蹲着如厕时会兜着衣裤，不弄湿、弄脏衣裤。 4.如厕后在教师的协助下擦干净屁股，便后主动洗干净小手。女孩子在教师的帮助或引导下尝试使用厕纸从前往后擦屁股。 5.在同伴使用便池器时愿意等一等。 6.初步懂得保护自己的隐私部位，不偷窥同伴的隐私部位。 7.如厕时如果感到不舒服或弄脏了衣裤，能及时主动告知教师并进行更换。		3.引导幼儿有初步的性别意识，选择正确的便池器使用。 4.培养幼儿初步的保护身体私密部位的卫生及安全意识。 5.引导未进入盥洗室的幼儿做些小游戏，避免消极等待。 6.提醒容易尿湿的幼儿及时如厕。 7.关注幼儿如厕过程，对于个别无法正常如厕的幼儿可通过陪伴、帮助、引导等方式帮助其如厕。 8.帮助幼儿合理取纸，用多种方式鼓励幼儿养成节约用纸的习惯。 9.引导幼儿如厕后用洗手液洗手，用毛巾擦干双手。 10.关注幼儿衣物是否有弄湿、尿湿的情况，必要时及时更换晾晒。 11.引导先完成如厕的幼儿进行下一个活动，如饮水、自主游戏等	3.随机补充足量的方便幼儿取用的卫生手纸以及洗手液。 4.协助暂时不能自理的幼儿舒适、顺利地完成大小便。 5.帮助幼儿合理取纸，指导或帮助幼儿完成便后整理工作。 6.关注幼儿如厕情况，提醒幼儿不在厕所逗留、玩耍，注意如厕时的安全。 7.观察幼儿大、小便情况，发现异常及时通知教师，与家长沟通。 8.幼儿如厕后及时清理厕所卫生，做到清洁、干爽、无异味。 9.及时为遗尿、排便时弄脏衣服的幼儿更换、清洗衣物。 10.引导幼儿如厕后用洗手液洗手，用毛巾擦干双手
		环境创设建议	1.创设温馨、安全的如厕环境。 2.在洗手间张贴厕纸、垃圾桶、冲厕所、男女标志，蹲厕脚印等，便于幼儿辨认。	

环节	小班	教师关注点	教师的基本要求	
			教师	保育员
如厕	8.如厕后自觉冲洗便池器，并用洗手液洗手			3.与幼儿交流讨论共同创设如厕几件事图示，整理衣物、擦屁股等图示
午睡	1.能够逐渐适应集体午睡的环境，不抗拒、不喧哗；有情绪时在教师的安抚下能逐渐平静下来。2.在教师的引导下能够根据天气增减衣物，穿着合适的衣服午睡。3.轻声进入睡室，主动脱下衣物、鞋袜并在教师的引导下置于指定区域摆放整齐（有需要会主动请教师帮忙）。4.睡前检查衣着，女孩子主动拆开辫子。认得自己的床铺及用品，能够找到自己的床位。	1.午睡前的情绪是否平和。2.午睡前是否愿意解便。3.午睡前是否愿意脱衣服、鞋子。4.脱下的衣物是否会摆放整齐。5.午睡时是否能找到自己的床铺。6.午睡时是否愿意自己盖被子。7.午睡有尿意时是否会主动告知教师。8.午睡时睡姿是否合适。9.午睡后是否尿床。	睡前：1.合理安排午睡前的活动，使幼儿在入睡前保持情绪稳定。2.拉好窗帘，准备好床铺，根据需要开关窗户，保持通风，调节好室温、光线，营造温馨的午睡环境。3.上床前，测量幼儿体温以及观察幼儿口中是否含有食物，并将幼儿随身携带的小物件（纽扣、皮筋、发卡、线头等）集中放在一起，避免幼儿睡中玩耍，发生意外。4.帮助或指导幼儿睡前如厕。5.指导幼儿脱换鞋子、衣服，并将脱下的衣物整齐摆放在相应的位置。睡中：1.用轻柔的语言提示幼儿安静、独立、侧卧或仰卧入睡。2.对入睡困难或者有恋物习惯的幼儿，教师可用轻轻抚摸、抱一抱或送句悄悄话等方式，安抚幼儿情绪，使幼儿平静地入睡。	睡前：1.每天定时开窗通风，消毒睡室，保持睡室地板干燥整洁。2.确认每位幼儿床铺是否都有适宜的被褥，冬季特别留意幼儿被子是否够暖，如不够暖或有遗忘及时联系家长更换或送来。3.检查幼儿床铺是否干净、整洁无异物，排除安全隐患。睡中：1.全面关注幼儿的午睡情况，随时巡视，为蹬被子的幼儿盖好。2.用轻柔的语言提示、温柔的动作调整，帮助幼儿保持正确睡姿。3.适当开窗，保持寝室内空气新鲜，避免对流风吹在幼儿身上。4.了解并尊重幼儿的睡眠特点，安抚入睡困难的幼儿。5.轻声提醒并照顾常尿床的幼儿起床如厕，发现幼儿尿床要及时换洗、晾晒寝具。6.鼓励幼儿在感觉身体不舒服时及时告诉教师。

环节	小班	教师关注点	教师的基本要求	
			教师	保育员
午睡	5.知道午睡时要安静入睡，不影响他人，不藏着掖着小物件玩耍，不玩小袜子、汗巾等。 6.午睡有便意时会主动告知教师并如厕，不憋尿。 7.按时入睡，按时起床。赖床或有起床气时能在教师的安抚下逐渐平复。 8.能在教师的指引下，调整睡姿，不趴着睡、不闷头睡觉、不玩被子。 9.起床后学会收拾整理自己的床铺，尝试自己或在教师的协助下穿衣、穿鞋	10.午睡后是否会在教师的协助下整理自己的床铺、穿好衣服。 11.午睡时的室温是否适宜：夏天酷热时可使用空调，室温在26～28℃。空气湿度在30%～60%。冬季严寒时保持室温在18～25℃，空气湿度在30%～80%	3.全面关注幼儿的午睡情况，随时巡视，为蹬被子的幼儿盖好被子，及时纠正其睡姿。 4.轻声提醒并照顾常尿床的幼儿起床如厕，发现幼儿尿床时及时换洗、晾晒寝具。 5.鼓励幼儿在感觉身体不舒服时及时告诉教师。 6.幼儿出现高烧、惊厥等紧急情况，及时通知保健医生或相关人员进行妥善处理。 7.做好午睡记录，将幼儿午睡时的具体情况详细记录在表中，如情绪状况、是否咳嗽、流鼻血、睡眠异常等，便于离园时及时反馈幼儿午睡情况，提醒家长注意。 8.对于无法入睡或入睡困难的幼儿，可采取个别陪伴或让其通过桌面游戏、阅读图书等安静活动度过午睡时间，并逐步引导养成午睡习惯。 睡后： 1.帮助有需要的幼儿穿好衣服，冬季需逐一检查衣物，确保及时发现幼儿尿床。	7.幼儿出现高烧、惊厥、腹痛等紧急情况，及时通知保健医生或相关人员进行妥善处理。 8.做好午睡记录，将幼儿午睡时的具体情况详细记录在表中，如情绪状况，是否咳嗽、流鼻血、睡眠异常等，便于离园时及时反馈幼儿午睡情况，提醒家长注意。 睡后： 1.帮助有需要的幼儿穿好衣服，冬季需逐一检查衣物，确保及时发现尿床现象。 2.检查体温，发现异常，及时告知保健医生处理。 3.指导幼儿独立穿好鞋子，把拖鞋整齐放入鞋柜。 4.仔细检查幼儿衣服穿戴是否整齐，鞋子有无穿反，并帮助其调整。 5.起床后开窗通风，整理床铺，保持睡室内整洁、有序，按时对睡室进行紫外线消毒

环节	小班	教师关注点	教师的基本要求	
			教师	保育员
午睡			2.观察幼儿的精神状态、检查体温，发现异常，及时告知保健医生。 3.引导幼儿独立穿好鞋子，把拖鞋整齐放入鞋柜。 4.仔细检查幼儿衣服穿戴是否整齐，鞋子有无穿反，并帮助其调整。 5.帮助有需要的幼儿梳头，组织幼儿有序如厕、盥洗、喝水。 6.幼儿起床后开窗通风，整理床铺，保持睡室内整洁、有序，按时对睡室进行紫外线消毒	
			环境创设建议	1.设置幼儿放衣服、鞋子、小饰品的区域及容器，指导幼儿有序地做好睡前准备。 2.与幼儿交流讨论，共同创设"我的小床""衣服来做操"等主题区或图书角、操作角等小区域
离园	1.能在成人的引导下，将自己的小椅子或用过的玩具归位摆放整齐。 2.在成人的协助下检查、整理自己的仪容仪表。穿好自己的衣服和鞋子，如不穿反	1.幼儿的着装在成人协助下的整齐度和适宜度。 2.幼儿是否愿意整理自己的个人物品。	1.关注幼儿情绪，与幼儿亲切互动，使幼儿保持良好的情绪回家，用多种方式安抚个别情绪不稳定的幼儿。 2.帮助幼儿做好洗手、擦脸、梳头发、整理衣物鞋袜等工作，冬春季注意随时帮助幼儿提裤子，避免肚脐着凉。	1.关注幼儿精神状态，测量每个幼儿的体温，如有异常，及时送校医处理并及时与家长联系。 2.检查下幼儿是否有教师没有注意到的擦伤、碰伤，离园时向家长解释以免引起不必要的误会。 3.检查幼儿有无尿湿裤子、弄湿袖子等情况，及时帮助幼儿更换和整理，并及

环节	小班	教师关注点	教师的基本要求	
			教师	保育员
离园	鞋子，不扣错扣子，拉好小拉链，裤子穿好等。 3.认得自己的物品，如水壶、外套、汗巾等，并收拾整理好装进书包。整理后会拉好书包拉链。 4.弄湿、弄脏衣裤及时告知教师进行更换，不藏着掖着离园。 5.有序排队等待离园，不喧哗，不打闹，不擅离队伍。 6.在鼓励下会与同伴和教师道别，情绪愉悦地离园。 7.认得自己的接送人，不跟陌生人走。 8.学会耐心等待。在接送人有事迟接送时，不发脾气、不哭闹等	3.个人出现状况时是否会主动告知教师。 4.离园时的情绪和精神状态是否良好。 5.离园时是否遵守离园规则	3.提醒幼儿不要遗忘自己的物品，引导幼儿分清自己和别人的物品，知道不是自己的东西不能带回家。 4.按时带领幼儿进入离园等候区，注意教师间的站位，确保队伍安全有秩序。 5.确认幼儿家长的身份，将每个幼儿安全地送至家长手中，避免错接、漏接现象发生。 6.如个别幼儿有特殊情况与家长简单交流，如需比较具体、深入地交流应等大部分幼儿离园后（注意教师间的分工）或另约时间交谈。 7.引导幼儿有礼貌地与教师道别。 8.家长晚来时，安慰幼儿耐心等待，通过抱一抱、聊一聊等方式减轻幼儿的焦虑。 9.全体幼儿离园后整理、检查班级环境	时反馈家长。 4.鼓励幼儿离园前参与整理班级环境，使幼儿形成初步的为集体服务的意识。 5.面带微笑，主动与家长和幼儿挥手道别。 6.关注全体幼儿，确保幼儿在视线范围内，维持离园秩序，确保幼儿安全离园。 7.待幼儿全部离园后，全面做好班级清洁、消毒工作
			环境创设建议	1.确保课室环境整洁有序。 2.共同设置"星星栏"，肯定幼儿在园一天的进步。 3.与幼儿交流讨论，共同设置"离园五部曲"，帮助幼儿更清晰地了解离园前的流程

基于真实生活场景的育人实践

第二节　中班一日生活科学保教指导手册

环节	核心经验	教师关注点	教师的基本要求及支持策略	
			教师	保育员
入园	1.穿着整洁，有意识地整理好自己的穿着。 2.经常保持愉快的情绪，喜欢教师和同伴（有比较强烈的情绪时能在成人的提醒下逐渐平静下来）。 3.能使用礼貌用语主动向教师问好，并和家长道别。 4.能主动将书包放在指定位置。 5.积极参与晨练，有自己的玩法。 6.掌握正确的洗手方法，主动将小手洗干净。	1.是否洗手。 2.是否主动向教师问好。 3.幼儿情绪状态。 4.是否能自主完成个人物品整理事务	1.巡视班级环境，提前到所在晨练地点等待，为迎接幼儿和晨练做好准备。 2.热情接待幼儿，与幼儿互相问好。 3.通过游戏、积极的语言暗示等疏导幼儿来园时的负面情绪。 4.对家长的特殊需求做好记录，并及时告知同班教师。 5.关注幼儿的身体状况，如观察幼儿面部表情、状态等，有需要时及时与校医、家长沟通，并对幼儿的情况进行跟踪记录。 6.检查幼儿穿戴及随身物品，发现有危险物品代为保管。 7.关注幼儿洗手情况，实时进行提醒，鼓励幼儿认真洗手。 8.提供轻器械材料，支持幼儿晨间游戏。	1.做好幼儿生活的各项准备工作，如开窗通风、课室打扫、桌面清洁等，保证幼儿使用物品及饮用水安全。 2.协助教师做好接待工作，引导幼儿将书包放在指定位置，并参与晨练。 3.疏导幼儿来园时的负面情绪。 4.观察幼儿情绪及身体状况，如有需要，协助教师处理。 5.晨练结束时，关注幼儿收拾材料、带上个人物品的情况。 6.引导幼儿完成值日生工作，并协助教师整理班级环境。 7.根据气温和幼儿个体差异提醒幼儿及时增减衣服。 8.配合教师陪同有特殊需要的幼儿暂时离开场地。 9.观察幼儿的活动情况，协助教师做好保健、安全等工作，提示并引导幼儿学习躲避等基本的自我防护。

续 表

环节	核心经验	教师关注点	教师的基本要求及支持策略	
			教师	保育员
入园	7.进班后能主动将杯子、毛巾等个人物品放好，并饮用少量水		9.确保幼儿在教师的视线范围内，关注有特殊需要并陪同（两位教师随机）暂时离开场地的幼儿。 10.观察幼儿的活动情况，做好保健、安全等工作，提示并引导幼儿学习躲避等基本的自我防护	10.活动后两位教师互相配合引导幼儿整理器械、衣物，清点幼儿后回课室
			环境创设建议	1.创设来园任务小提示，让幼儿知道入园要做哪些事情。 2.创设情绪小贴士，让幼儿认识各种情绪，了解舒缓情绪的方法
饮水	1.知道口渴了要饮水，饮多少接多少。 2.初步了解剧烈活动后稍做休息再饮水，不急饮水。 3.接水后离开饮水机处，找人少的位置或坐下再饮水，避免洒水。 4.自然有序地取水和放水杯	1.饮水前是否主动洗手。 2.饮用水的温度是否适宜。 3.饮水量是否足够。 4.取水时是否遵守饮水规则	1.饮水前提醒幼儿洗干净小手。 2.引导幼儿有序接水，接完水后找一个人少的位置饮水（班级教师站位应关注到幼儿在接水点、喝水点、洗手间等情况）。 3.关注幼儿饮水量，根据活动情况、幼儿身体情况引导幼儿饮用适宜的水量。 4.观察幼儿饮水行为，有以下行为时及时介入，如打翻水杯、争抢、饮水时被水呛到。 5.户外活动前后、午睡后需饮水，同时鼓励幼儿按需自主饮水；保证一日450～600毫升的饮水量	1.做好饮水前的准备工作：清洁、消毒等。 2.提前将装有水杯的水桶放在饮水机旁，方便幼儿取用。 3.户外活动前后提前装好水，保证幼儿剧烈活动后有足够的饮水量。 4.照顾身体不适的幼儿，根据需要提醒幼儿适时增加饮水量或次数。 5.关注幼儿衣服是否有水迹，必要时更换晾晒。 6.保持地面干爽、及时清理水渍，防止幼儿摔跤

环节	核心经验	教师关注点	教师的基本要求及支持策略	
			教师	保育员
饮水			环境创设建议	1.创设饮水图示，让幼儿直观感受杯子装多少水比较合适。 2.设计饮水规则图示，如间隔等待线标志
进餐	1.餐前值日生能在教师的提示下协助教师做好擦桌子、分餐具、毛巾等工作。 2.餐前使用洗手液将小手洗干净。 3.正确使用餐具和餐巾，坐姿正确、速度适中。 4.用餐时遵守用餐规则和礼仪，保持桌面、地面整洁。 5.在教师的引导下，尝试多吃瓜果、蔬菜等新鲜食品。 6.了解不同的进餐方式，如围餐、自助餐等，初步养成文明进餐的习惯。	餐前： 1.幼儿餐前是否认真洗手。 2.餐桌是否消毒干净。 3.餐具是否摆放合理。 4.幼儿是否对当天的食物感兴趣。 餐中： 1.幼儿是否能正确使用勺子（下学期会用筷子吃饭）。 2.关注幼儿进餐时的文明习惯（坐姿、打喷嚏的方法、桌面整洁等）。 3.关注个别幼儿（体弱、自主进餐较困难的幼儿）的进餐情况。	餐前： 1.组织幼儿进行餐前活动，如手指游戏；或讨论食物的营养知识（介绍食谱），引起幼儿对食物的兴趣。 2.自助餐或围餐前强调进餐礼仪，如有序排队、少量多次添饭菜等。 3.引导幼儿使用洗手液将小手洗干净，并用毛巾擦拭。 4.播放轻松、优美的音乐，营造宽松、温馨的进餐氛围。 5.根据食物特点、幼儿能力水平确定是教师分餐还是幼儿自主取餐。 餐中： 1.帮助和指导幼儿自主取餐、进餐，减少等待时间。 2.观察幼儿进餐情况，并及时提供帮助。 3.通过积极的语言暗示、肢体动作等鼓励幼儿不挑食，尝试多种瓜果、蔬菜等新鲜食品。 4.提醒幼儿正确使用餐具，米饭和菜均衡进食。	餐前： 1.指导值日生完成擦桌子、分餐具、毛巾等工作。 2.再次对餐桌进行卫生清洁。 3.根据本班幼儿进食量进行分餐。 餐中： 1.蹲或坐在幼儿旁，轻声提醒，及时纠正个别幼儿不良的进餐习惯，对进餐能力较弱、身体不适的幼儿给予帮助。 2.个别进餐能力弱的幼儿可进行适当喂食，或鼓励其自主进餐。 3.随时为有需要的幼儿添饭或盛汤。 4.指导幼儿细嚼慢咽，小块进食、细细嚼。 5.提醒幼儿不要大声喧哗、与他人攀谈，专心安静地进餐。 6.处理突发事件（餐点泼洒、呕吐等），泼洒情况可以指导幼儿自行处理。 餐后： 1.提醒幼儿分类收拾好餐具。 2.提醒幼儿擦干净桌面，指导幼儿打扫干净地面。

续 表

环节	核心经验	教师关注点	教师的基本要求及支持策略	
			教师	保育员
进餐	7.餐后能独立将餐具送到指定位置并分类收放好。 8.餐后会用正确的方法漱口，并用毛巾或纸巾将小嘴擦干净	餐后： 1.幼儿是否咽下最后一口饭后再收拾碗筷。 2.幼儿是否分类整理好餐具。 3幼儿是否漱口、擦嘴。 4.幼儿是否能收拾干净桌面、地面	餐后： 1.引导幼儿分类收拾好餐具。 2.关注幼儿漱口，漱口时不喷到水龙头，漱口后用毛巾擦干净嘴。 3.提醒幼儿擦干净桌面，有必要时打扫干净地面。 4.引导先吃完的幼儿开展自主活动，并注意不要影响其他幼儿。 5.组织幼儿进行户外散步、观察活动（配班教师将餐具放到后厨）	3.幼儿用餐后使用洗洁精等再次将桌面消毒干净。（配班教师协助） 4.做好地面、洗手间、走廊等班级负责场所的消毒工作
		环境创设建议		1.设计不同进餐方式的主题墙，让幼儿了解进餐礼仪。 2.进餐时选择轻音乐、钢琴曲，创设温馨的进餐环境。 3.根据幼儿需要，做好毛巾、餐巾、餐具等分类标志
盥洗	1.初步理解日常盥洗活动包括洗脸、洗手、漱口、梳头等。 2.看懂图示，掌握正确的洗手方式，水沿着指尖方向流，防止水花四溅；水龙头开小点，不浪费水；洗完手	1.幼儿是否会卷衣袖。 2.幼儿是否用洗手液洗手。 3.幼儿洗完手后如何处理衣袖，是否使用毛巾擦手。 4.洗脸时是否拧干毛巾，将毛巾打开	1.提醒幼儿洗手前通过同伴帮助、教师协助等方式将袖子卷起来，避免袖口弄湿。 2.观察幼儿洗手，洗手时不打闹、不浪费水。 3.引导幼儿洗手后将毛巾打开，并将手心、手背都擦干，擦完后毛巾放回原位。 4.若等待人数较多，教师可进行分流引导，可分组错开轮流盥洗。	1.做好洗手间消毒、清洁工作，创设干净、卫生、安全的盥洗环境。 2.及时检查幼儿洗手液是否需要补充。 3.随时指导幼儿卷袖子，冬季应协助幼儿卷袖子和拉下里面的衣袖。 4.引导幼儿湿手后用洗手液洗手；提醒幼儿水龙头的水开小点，不用时关上，不浪费水资源。 5.及时清理地面的水渍

续 表

环节	核心经验	教师关注点	教师的基本要求及支持策略	
			教师	保育员
盥洗	后捧水洗干净水龙头。 3.洗完手后及时将毛巾打开擦手,不乱甩水。 4.愿意尝试拉、卷袖口,洗手后袖口不弄湿。 5.饭前、便后、手脏时及时洗手。 6.在教师的引导下,餐点后及时漱口,会用鼓漱的方法漱口,漱口对着洗手盆口。 7.脸上有污迹、午睡起床后及时洗脸,洗脸后将毛巾拧干并悬挂起来。 8.耐心等待,有序排队,轮流盥洗。 9.知道起床后、头发凌乱时主动请教师帮忙梳头		5.在等待时引导幼儿看懂七步洗手法图示或进行其他休闲游戏,有意识地引导幼儿观察班级某一事物的特点,避免消极等待。 6.起床后引导幼儿将毛巾湿水拧干,打开擦脸。 7.引导幼儿主动寻找教师帮忙梳头扎辫子	
			环境创设建议	1.创设七步洗手法、卷袖子、漱口等相关活动步骤图。 2.张贴节水标志,在水龙头上张贴指示条,指导幼儿开合适大小的水
如厕	1.有便意时,及时排便。 2.如厕时会自己穿、脱裤子。	1.如厕厕纸是否准备充足。	1.通过手指游戏、猜谜语等方式引导幼儿分组进洗手间,避免拥挤。	1.及时增补厕纸。 2.及时检查便池是否干净、安全。

环节	核心经验	教师关注点	教师的基本要求及支持策略	
			教师	保育员
如厕	3.不在洗手间打闹、偷窥同伴隐私部位。 4.男孩能根据需要用不同的方式如厕。 5.大便时会使用纸巾折叠好从前往后擦拭屁股。 6.如厕后会主动冲厕、洗手	2.关注幼儿如厕时的面部表情，是否需要协助。 3.幼儿使用厕纸的情况。 4.便后是否能自己穿好裤子（尤其是冬季）。 5.便后冲厕、洗手情况	2.引导未进入的幼儿做些小游戏，避免消极等待。 3.提醒容易尿湿的幼儿及时如厕。 4.观察幼儿束裤子情况，适当给予帮助或引导其互相帮助。必要时可通过图片示范引导幼儿学习束裤子。 5.提醒幼儿如厕洗手后不在洗手间逗留	3.引导幼儿蹲便时两脚放在便池两边，将裤子往下拉，另一只手兜住裤底，防止尿湿。 4.提醒男孩如厕时对准便器解便，女孩便后要使用厕纸从前往后擦屁股。 5.提醒幼儿穿好裤子再离开，防止摔跤
			环境创设建议	1.在洗手间创设相关工具的标志，如厕纸、垃圾桶、冲厕等。 2.创设如厕几件事图示、束裤子图示，让幼儿能自主掌握如厕、束裤子等能力
午睡	1.午睡前能保持情绪平和，不大声喧哗。 2.能正确穿脱衣服，并将衣服叠整齐后放在指定位置。 3.乐意自己铺被子，能区分被子的正反、长宽，为自己盖上被子。 4.午睡时能保持安静，不影响他人午睡。 5.在成人的提醒下愿意纠正不良睡姿。	1.幼儿是否会穿脱衣服。 2.幼儿如何处理脱下的衣服。 3.幼儿是否乐意自主盖被子。 4.幼儿是否能自主入睡	睡前： 1.合理安排午睡前的活动，使幼儿在入睡前保持情绪稳定。 2.拉好窗帘，准备好床铺，根据需要开关窗户，睡前保持通风，调节好室温、光线，营造温馨的午睡环境。 3.上床前，测量幼儿体温以及观察幼儿口中是否含有食物，并将幼儿随身携带的小物件（纽扣、皮筋、发卡、线头等）集中放在一起，避免幼儿睡中玩耍，发生意外。 4.引导幼儿睡前如厕。	睡前： 1.每天定时开窗通风，消毒睡室，保持睡室地板干燥、整洁。 2.确认每位幼儿床铺是否都有适宜的被褥，冬季特别留意幼儿被子是否够暖，如不够暖或有遗忘及时联系家长更换或送来。 3.检查幼儿床铺是否干净、整洁无异物，排除安全隐患。 睡中： 1.关注幼儿午睡情况，能轻声提醒或轻轻纠正幼儿睡姿。 2.通过抱一抱、拍一拍等方法安抚个别未入睡幼儿。

环节	核心经验	教师关注点	教师的基本要求及支持策略	
			教师	保育员
午睡	6.午睡后能自己叠好被子，有需要时会请他人帮忙		睡中： 1.观察幼儿午睡情况，通过音乐、陪伴等安抚未入睡的幼儿。 2.关注身体不适幼儿的入睡和身体情况。 3.每隔10分钟巡视幼儿午睡，关注幼儿的睡姿、是否捂被、身体情况等，并做好午睡记录。午睡记录应详细、真实，如记录情绪状况、是否咳嗽、流鼻血、睡眠异常等。 4.鼓励幼儿在感觉身体不舒服时及时告诉教师。 5.幼儿出现高烧、惊厥等紧急情况时，及时通知保健医生或相关人员进行妥善处理。 6.幼儿午睡过程中若有情况，及时与交接班教师进行沟通。 睡后： 1.引导睡醒后幼儿区分衣服的正反，并自主穿衣服，引导幼儿寻找同伴帮忙。 2.引导幼儿叠好自己的被子。 3.观察幼儿的精神状态，检查体温，发现异常，及时告知保健医生处理。 4.仔细检查幼儿衣服穿戴是否整齐，鞋子有无穿反，并帮助其调整	3.每隔10分钟巡视幼儿午睡，关注幼儿的睡姿、是否捂被睡觉、身体情况等，并做好记录。 4.午睡记录应详细、真实，如记录情绪状况、是否咳嗽、流鼻血、睡眠异常等。 5.鼓励幼儿在感觉身体不舒服时，及时告诉教师。 6.在平时活动中通过儿歌、图片等方式引导幼儿辨别衣服的前后。 睡后： 1.引导睡醒后幼儿区分衣服的正反，并自主穿衣服，引导幼儿寻找同伴帮忙。 2.协助幼儿叠好自己的被子。 3.观察幼儿的精神状态，检查体温，发现异常，及时告知保健医生处理。 4.仔细检查幼儿衣服穿戴是否整齐，鞋子有无穿反，并帮助其调整。 5.起床后开窗通风，整理床铺，保持睡室内整洁、有序，按时对睡室进行紫外线消毒

续 表

环节	核心经验	教师关注点	教师的基本要求及支持策略	
			教师	保育员
午睡			环境创设建议	1.创设叠被子、脱叠衣服等方法步骤图。 2.条件允许的情况下，可在睡前播放轻柔的音乐、温馨的故事等
离园	1.离园前能在教师的提示下收拾整理好自己的物品，包括书包、书包柜、衣服架上的个人物品。 2.能在教师的引导下，整理好自己的衣着装扮。 3.离园前能自主选择游戏活动，耐心等待家人来接。 4.离园时不随意奔跑，并能主动和教师、同伴道别。 5.晚接的幼儿能保持情绪平稳，有情绪时能在成人的提醒下逐渐平静下来	1.幼儿是否会收拾整理个人物品。 2.幼儿是否会主动跟教师道别	1.通过游戏、故事等引导幼儿离园前检查自己的书包、柜子，收拾好个人物品。 2.开展丰富多样的离园活动，如安全教育、自主区域游戏、故事大会等。 3.热情接待家长，有需要时应该和家长交流幼儿在园情况。 4.主动和幼儿道别，提醒幼儿离园时跟好家长，不随意乱跑	1.检查书包柜、衣服架等，提醒个别幼儿不要遗漏自己的物品。 2.当教师与家长沟通时，应关注幼儿的情况，适当介入幼儿某些不良行为，如打闹、追逐等。 3.安抚晚接幼儿的情绪，可通过打电话、讲故事等方式转移幼儿注意力
			环境创设建议	1.创设离园小贴士：离园几件事。 2.设计整理书包、个人衣物的流程图

第三节　大班一日生活科学保教指导手册

环节	核心经验	教师关注点	教师的基本要求及支持策略	
			教师	保育员
入园	1.穿着整洁，能有意识地整理好自己的穿着。 2.主动与家长道别，热情地与教师打招呼，并愿意和教师分享交流。 3.自觉地将书包放在指定位置。 4.熟悉来园后需要做的事情的先后顺序，如先洗手，再进行晨检。 5.入园时遇到闹情绪的弟弟妹妹，愿意安抚其情绪，并将其带到所在班级教师处。	1.幼儿是否有意识地整理自己的穿着打扮。 2.幼儿是否有序地完成入园几件事。 3.幼儿身体不适时是否能主动告知教师	晨接： 1.着装整洁、得体，精神饱满，并准时到达晨接地点，为迎接幼儿和开展晨间活动做好准备。 2.热情迎接幼儿，用积极的语言激发幼儿愉快的入园情绪。 3.鼓励幼儿主动与家长道别，与教师、同伴打招呼。 4.观察幼儿来园的情绪状况，对情绪不佳的幼儿可及时了解和疏导其情绪。 5.引导幼儿自我检查，将不安全物品放在指定位置，并妥善保管。 6.了解幼儿出勤情况，及时与未到园幼儿的家长取得联系，了解原因。 7.回班后指导幼儿有序拿取摆放个人物品，如水杯、毛巾等。 晨练： 1.提前准备好晨间锻炼时的多种活动器材，便于幼儿取放。	1.巡视班级环境，做好幼儿生活的各项准备工作，确保环境整洁、空气流通，保证物品安全。 2.协助教师做好接待工作，观察幼儿情绪及身体状态，如有需要，协助教师处理；必要时与家长进行沟通。 3.可指导早到的幼儿做值日生工作，整理班级环境。 4.协助教师提前准备好晨练时的活动器材。 5.鼓励幼儿积极参与晨间锻炼，并提醒幼儿把书包等物品整齐摆放在指定位置。 6.根据气候和幼儿体质情况引导幼儿学会自己感知冷热，根据自身情况增减衣服。 7.观察幼儿晨间运动时的活动情况，协助教师做好保健、安全等工作，便于对个别幼儿进行活动时的指导和协助。

续 表

环节	核心经验	教师关注点	教师的基本要求及支持策略	
			教师	保育员
入园	6.当天值日生能在教师的提醒下提前到岗,自主分配任务,完成值日生工作。 7.身体不适时,会主动向教师表达自己的不舒服		2.指导提前入园的幼儿利用器材进行晨间锻炼或自主游戏。 3.活动过程中,站位要确保能观察到幼儿的活动情况,并引导幼儿在晨间锻炼时掌握基本的自我防护方法注意安全。 4.结束后,鼓励幼儿一起协助收拾整理器械,整理完毕清点幼儿后回课室	8.晨间锻炼后,指导幼儿整齐收拾器械材料,并带好个人物品跟教师回班
			环境创设建议	1.提供干净、整洁、舒适的室内环境,迎接幼儿入园。 2.将已消毒水杯、毛巾放在班级固定位置,供幼儿拿取使用。 3.准备好晨间锻炼的各类器材,并进行检查。 4.创设"小检查员",通过幼儿之间互相检查、督促,让幼儿自主完成来园的各项任务,如放好书包、洗手、挂好毛巾
饮水	1.能根据自己的需要饮水,如户外活动前后会主动饮水,并保证饮水量等。 2.自觉装适量的水,装水后会及时离开饮水处,并能找	1.幼儿是否有主动饮水的意识和行动。 2.幼儿装水的情况。 3.幼儿饮水的情况	1.引导幼儿认识饮水的重要性,鼓励幼儿自主按需饮水,同时确保幼儿在活动前后以及午睡起床后的饮水量。 2.引导幼儿根据身体需要及时调整自己的喝水量,同时关注与提醒不爱喝水的幼儿,保证幼儿的一日饮水量。	1.每日做好水杯的清洁消毒,确保喝水场地地面干燥,保持饮水机水槽和水杯架干爽、洁净。 2.引导幼儿有序取放水杯、接水。 3.关注身体不适的幼儿,提醒幼儿增加饮水量。

环节	核心经验	教师关注点	教师的基本要求及支持策略	
			教师	保育员
饮水	到避免碰撞的位置。 3.饮水速度适中，不急不慢		3.根据季节、气温和幼儿的身体状况，适当增加饮水次数或饮水量。 4.幼儿装水过程中提示幼儿人多时有序排队装水，并回座位或到适宜的宽松位置喝水，饮水完毕后将水杯放回原来位置。 5.关注所有幼儿的饮水状况，尤其是不爱喝水的幼儿，要给予及时关注和引导。 6.关注幼儿饮水时衣服是否弄湿，如若弄湿能及时更换	4.关注幼儿衣物和地面上是否有水，指导幼儿尝试用恰当的方式清理地面，保持地面干燥
		环境创设建议		1.标记每个幼儿水杯取放位置。 2.可制作幼儿喝水量的图示
进餐	1.餐前值日生能够自主地分配任务，认真完成擦桌子，分发毛巾、卫生碟等工作。 2.餐前能够主动用洗手液洗干净小手，并用毛巾擦干。 3.进餐时能熟练地使用筷子。 4.会根据自己的饭量适当添饭，能自己添汤。	餐前： 1.值日生完成程度。 2.幼儿餐前洗手情况。 3.餐桌清洁消毒情况。 4.餐具是否摆放合理。 餐中： 1幼儿进餐时的规则、坐姿、速度等。 2幼儿使用筷子的情况。	餐前： 1.组织幼儿进行餐前活动，如手指游戏、听故事、欣赏音乐、谈话等静态类的活动，禁止餐前半小时进行剧烈运动。 2.随机对幼儿进行膳食营养、进餐礼仪方面的教育。 3.请值日生介绍当天的食物、水果等。 4.播放轻松、优美的音乐，营造宽松、温馨的进餐氛围。 5.教师佩戴好口罩，洗干净双手协助生活教师进行分餐，条件允许的情况下请值日生配合分餐。	餐前： 1.提前跟值日生一起进行擦桌子、摆放卫生碟等清洁工作。 2.提醒幼儿餐前需要采取七步洗手法洗手，幼儿有序拿取餐巾。 3.确保所提供食物温度适宜和放置位置安全。 4.佩戴好口罩，洗干净双手准备分餐。 5.了解班级进食食谱，分餐时照顾有特殊需要的幼儿，根据本班幼儿进食量进行分餐。

续 表

环节	核心经验	教师关注点	教师的基本要求及支持策略	
			教师	保育员
进餐	5.了解不同的进餐方式，如围餐、自助餐等，知道要用公筷夹菜，不对着食物打喷嚏。 6.餐后能自觉清理桌面的饭菜残渣，用桌布擦干净桌面，并将餐具分类收放到指定位置。 7.餐后会用正确的方法漱口，并用毛巾或纸巾将小嘴擦干净	3.关注幼儿的食量、添饭情况。 餐后： 1.幼儿是否分类整理好餐具。 2.幼儿是否主动做值日生工作。 3.幼儿餐后漱口、清洁桌面情况	餐中： 1.提醒幼儿有序端取饭菜，安静进餐，对个别挑食、偏食的幼儿给予及时的指导和帮助。 2.观察幼儿进餐情况，并及时纠正幼儿不良的进餐习惯，如吃饭说话、坐姿不端正等。 3.引导幼儿正确使用筷子，保持桌面和地面干净、整洁。 4.提示幼儿在进餐过程中若嘴角有食物需擦拭，能自主拿取自己的餐巾进行擦拭。 餐后： 1.引导幼儿将餐具分类收拾到固定的容器里，并对自己用过的桌椅、地面等进行清洁和整理工作。 2.引导幼儿有序地进行餐后擦嘴、漱口、洗手，必要时进行提醒。 3.引导先吃完的幼儿在合适的地方开展安静的自主活动，并注意不要影响其他幼儿进餐。 4.待大部分幼儿进餐完后可以跟幼儿进行户外散步、观察等较安静的活动（配班教师协助生活教师清理餐后卫生清洁工作并将幼儿餐具送到后厨）	餐中： 1.提醒幼儿安全有序取餐，并能用正确的姿势进餐。 2.巡视幼儿进餐情况，及时添饭菜或盛汤，提醒添餐的幼儿放下筷子、勺子、叉子，提示幼儿不能吃汤泡饭。 3.提醒幼儿根据食物的特点，随时用餐巾擦嘴。 4.及时纠正个别幼儿进餐的不良习惯。 5.引导幼儿自主处理突发情况，如食物泼洒、呕吐时去洗手间等。 餐后： 1.提醒幼儿分类收拾好餐具，以及餐后擦嘴、漱口、洗手等。 2.提醒幼儿擦干净桌面，简单处理地面掉落的饭粒等。 3.指导和帮助值日生完成擦桌子、收卫生碟、洗毛巾和卫生碟等清洁工作，增强幼儿为班集体劳动的意识。 4.所有幼儿用餐结束后使用洗洁精等再次将桌面、课室地面、盥洗室走廊等班级公共场所进行清洁、消毒（配班教师协助），确保整洁、卫生

环节	核心经验	教师关注点	教师的基本要求及支持策略	
			教师	保育员
进餐			环境创设建议	1.设计不同进餐方式的主题墙，让幼儿了解进餐礼仪。 2.盥洗室外墙面制作"今天我值日"一览表。 3.进餐时选择轻音乐、钢琴曲，创设温馨的进餐环境。 4.根据幼儿需要，做好毛巾、餐巾、餐具等分类标志
盥洗	1.日常盥洗活动包括洗脸、洗手、漱口、梳头等。 2.自觉地用正确的方式（七步洗手法）洗手。 3.能自己拉、卷袖口，做不到时主动请同伴、成人协助，洗手后袖口不弄湿。 4.洗完手后及时将毛巾打开擦手，不乱甩水。 5.知道并能主动做到饭前、便后、手脏时及时洗手。 6.餐点后及时漱口，漱口对着洗手盆口。	1.幼儿是否知道哪些场合必须洗手。 2.幼儿洗手前衣袖的处理情况。 3.幼儿使用七步洗手法的情况。 4.幼儿洗手后如何处理衣袖。 5.幼儿洗手后是否会擦干手。 6.幼儿脸脏的时候是否会主动擦拭干净。 7.幼儿头发凌乱时是否会寻求帮助扎好	1.提醒幼儿洗手前通过同伴帮助、教师协助等方式将袖子卷起来，避免袖口弄湿。 2.引导幼儿理解洗手对身体的好处，知道饭前便后、活动后、手脏时都要主动洗手。 3.若幼儿人数较多，可提醒幼儿分组错开轮流盥洗，确保盥洗安全。 4.观察幼儿洗手情况，指导幼儿用七步洗手法洗手，洗手时节约用水，洗完手后要甩水并及时用毛巾擦干手上水迹。 5.提醒幼儿饭后漱口，懂得漱口能清洁口腔，保护牙齿。 6.午睡起床后引导幼儿将毛巾湿水拧干，打开擦脸。 7.检查幼儿的着装、头发是否整洁，及时提醒或协助幼儿整理个人仪容仪表	1.做好盥洗室消毒、清洁工作，创设干净、卫生、安全的盥洗环境。 2.确保幼儿盥洗物品专人专用，做好清洁与消毒工作。 3.及时检查幼儿洗手液是否需要补充。 4.提醒幼儿洗手时卷袖子，冬季可协助幼儿卷袖子和拉下里面的衣袖。 5.关注幼儿洗手情况，提醒幼儿按照七步洗手法洗手，并引导幼儿洗手时不浪费水，能根据需要熟练调节水流大小，洗完手后要甩水并及时用毛巾擦干手上水迹，防止溅湿地板而滑倒摔跤。 6.密切观察幼儿盥洗后衣物情况，必要时及时提醒并协助幼儿进行更换。 7.随时确保盥洗室地面干爽、整洁，避免幼儿摔跤

续 表

环节	核心经验	教师关注点	教师的基本要求及支持策略	
			教师	保育员
盥洗	7.脸上有污迹、午睡起床后及时洗脸，洗脸后将毛巾拧干并挂起来。 8.起床后、头发凌乱时尝试自己梳头，或在同伴的协助下扎好头发		环境创设建议	1.创设七步洗手法、卷袖子、漱口等相关活动步骤图。 2.保持盥洗室地面整洁、干爽
如厕	1.懂得及时排便对身体健康有益，不憋便。有便意时，及时排便。 2.有序如厕，耐心等待。 3.大小便后自觉使用厕纸，会用正确的方式擦拭。 4.如厕后能自觉整理衣裤，穿戴整齐。 5.如厕后会主动冲厕、洗手。 6.不在洗手间讨论、偷窥同伴隐私部位	1.幼儿大小便后使用厕纸擦拭的情况。 2.幼儿如厕后整理衣裤的情况。 3.幼儿如厕后冲厕、洗手的情况。 4.幼儿对隐私部位的关注情况	1.引导幼儿正确如厕，并提醒幼儿如厕时注意安全。 2.了解并尊重幼儿的排便习惯，鼓励幼儿及时大小便。在集体活动、户外活动、进餐、午睡等活动前提醒幼儿自行有序如厕，并养成便后冲厕、洗手的习惯。 3.在幼儿熟练穿脱裤子的基础上，指导幼儿便后自主熟练地进行清洁和整理。 4.提醒幼儿如厕时感到不舒服或弄脏衣裤及时告知教师，并在如厕后自主更换衣裤。 5.培养幼儿保护身体私密部位的卫生和安全意识	1.保持厕所通风良好，及时清洁便池，每天进行消毒，做到清洁、干爽、无异味。 2.及时增补厕纸。 3.提醒幼儿注意如厕安全，冬天幼儿衣服穿太多时，根据幼儿需求协助或指导能力弱的幼儿便后自理。 4.指导值日生做好维护如厕秩序、冲刷厕所、清理地面等的督促。 5.鼓励幼儿节约手纸，养成便后冲水等良好习惯。 6.提醒幼儿穿好裤子再离开，防止摔跤。 7.如幼儿大小便情况异常及时告知教师与家长沟通。 8.及时帮助排便弄脏衣物的幼儿进行衣物更换和清洗工作

环节	核心经验	教师关注点	教师的基本要求及支持策略	
			教师	保育员
如厕			环境创设建议	1.在洗手间创设相关标志指引，如男女如厕方向箭头、厕纸、垃圾桶、冲厕等。 2.创设如厕几件事图示、束裤子图示，让幼儿能自主掌握如厕、束裤子等能力
午睡	1.午睡前主动完成个人事务，如解便、有顺序脱衣服等。 2.午睡时能独立入睡，不与人窃窃私语。 3.知道不良睡姿会影响身体发育，自觉保持正确的睡觉姿势。 4.午睡后能自己叠好被子，合理地穿好衣服，如先穿毛衣、外套。 5.午睡身体不适时能及时告知教师	1.幼儿是否主动完成睡前事务。 2.幼儿是否有顺序地穿脱衣服。 3.幼儿能否自己叠被子	睡前： 1.保持睡室空气流通、温度适宜，拉好窗帘，调整室内光线。 2.睡前不做剧烈运动，帮助幼儿保持平静的心情，稳定幼儿情绪。 3.根据幼儿的需要组织幼儿进行睡前如厕，做好如厕后的睡前整理，测量幼儿体温，发现异常及时处理。 4.进入睡室前提醒幼儿更换拖鞋，并将鞋袜放在指定位置。 5.观察幼儿能否自己铺好被褥、脱衣服（冬季衣服过多时可协助幼儿），及时上床，盖好被子，保持正确睡姿，安静入睡。 睡中： 1.每隔10分钟巡视幼儿午睡，关注幼儿的睡姿、是否捂被、身体情况等，并做好午睡记录。午睡记录应详细、真实，如记录幼	睡前： 1.每天入园后及时开窗通风，保持环境舒畅、整洁。 2.定时对睡室进行清洁、消毒（下午下班后关好门窗，开紫外线消毒）。 3.发现有幼儿尿床现象及时清洁处理。 睡中： 1.每隔10分钟巡视幼儿午睡，关注幼儿的睡姿、是否捂被、身体情况等，并做好午睡记录。午睡记录应详细、真实，如记录情绪状况、是否咳嗽、流鼻血、睡眠异常等。 2.保障幼儿午睡安全，发现幼儿午睡过程中出现睡眠异常情况应立即采取措施，必要时通知保健医生及时带幼儿去医院就诊。 3.尊重幼儿的睡眠时间或需求上的个体差异，提醒不午睡和早起幼儿保持安静，在不影响同伴的情况下，可适当给予图书进行阅读。

续 表

环节	核心经验	教师关注点	教师的基本要求及支持策略	
			教师	保育员
午睡			儿情绪状况、是否咳嗽、流鼻血、睡眠异常等。 2.保障幼儿午睡安全，发现幼儿午睡过程中出现睡眠异常情况应立即采取措施，必要时通知保健医生及时带幼儿去医院就诊。 3.尊重幼儿的睡眠时间或需求上的个体差异，提醒不午睡和早起幼儿要保持安静，在不影响同伴的情况下，可适当给予图书进行阅读。 4.幼儿午睡过程中若有情况，及时与交接班教师进行沟通。 睡后： 1.播放轻音乐，帮助幼儿自然苏醒，提醒个别动作慢的幼儿不拖拉。 2.起床后拉开窗帘通风，提醒幼儿有序地穿好衣裤，整理自己的床铺，到指定位置换好鞋。 3.观察幼儿情况，测量幼儿温度，发现异常及时处理。 4.观察幼儿如厕、盥洗、喝水、擦脸等活动，帮助或指导幼儿学习整理仪容、梳头发等。 5.组织幼儿随音乐做简单的律动，帮助身体从午睡状态中苏醒过来	4.幼儿午睡过程中若有情况，及时与交接班教师进行沟通。 睡后： 1.播放轻音乐，帮助幼儿自然苏醒，提醒个别动作慢的幼儿不拖拉。 2.起床后拉开窗帘通风，提醒幼儿有序整理好床被，收拾好个人床上用品

环节	核心经验	教师关注点	教师的基本要求及支持策略	
			教师	保育员
午睡			环境创设建议	1.根据需要开关窗户，保证室内空气流通、温度适宜，拉好窗帘，调整室内光线（如有需要可播放舒缓、安静的音乐），营造安静、舒适的午睡氛围。 2.设置幼儿午睡情况巡视记录本
离园	1.离园前能自觉收拾整理好自己的物品，包括书包、书包柜、衣服架上的个人物品。 2.有意识地注意自己的穿着打扮，并能自己或互相帮忙整理好衣裤。 3.离园前的活动有自己的想法和计划，会主动提出、组织相关的离园活动，如讲故事、猜谜语、词语接龙等。 4.离园时能主动和教师、同伴道别。 5.离园时不随意奔跑，有自我保护意识	1.幼儿是否自觉、有序地整理自己的书包。 2.幼儿是否有意识地整理好自己的穿着打扮。 3.幼儿是否会自主组织计划自己的离园活动	1.提醒幼儿离园前整理自己的仪容仪表，整理好自己的书包等物品，也可鼓励幼儿两两结伴互相检查、整理衣物。 2.引导幼儿离园前进行自主计划活动，可进行自主游戏，避免长时间消极等待。 3.可鼓励幼儿离园前参与整理班级环境，协助教师做好班级活动室物品、材料的归类摆放和卫生清理工作，帮助幼儿初步建立劳动意识。 4.确认幼儿家长身份，与家长做好幼儿交接。 5.与家长简单交流幼儿在园情况，如需与家长进行比较具体、深入的交流，应等大部分幼儿离园后，并注意教师间的分工再进行。 6.对晚走的没有离园的幼儿进行一些简单的游戏活动，避免消极等待	1.协助教师做好幼儿离园前的准备工作。 2.配合教师组织幼儿安全离园，必要时与家长交流幼儿在园生活情况。 3.若教师在与家长进行沟通交流，还有部分幼儿没有离园，需看管并组织好幼儿游戏活动。 4.待幼儿基本离园后可全面做好班级清洁、消毒工作

环节	核心经验	教师关注点	教师的基本要求及支持策略	
			教师	保育员
离园		环境创设建议		1.播放轻松、舒缓的离园前音乐，引导幼儿在音乐的提示下整理衣裤、物品等，做好离园前的各项准备。 2.设立"小检查员"，提醒同伴检查好自己的衣着，个人物品是否收拾好。 3.创设离园步骤图，提示幼儿有序完成离园前的各项工作,如喝水、整理衣着打扮、收拾书包等

第三章

一日健康
生活课程实录

　　健康生活是指有益于健康的习惯化的行为方式，核心是养成良好的生活习惯，与我园"健康育儿童，育健康儿童"的理念相吻合。"呵护孩子七彩健康童年，成就孩子多彩幸福人生"，幼儿获得高品质适宜发展的基础，是幼儿教育的责任，是尊重幼儿、理解幼儿、保护幼儿生存权利的体现，也是我们幼儿园课程设置的初心。

　　健康生活课程是在园本七彩童心课程的基础上衍生而来的，对于一日生活如何促进幼儿良好行为习惯的追求和行动，也是在探索《指引》精神，以一日生活七大环节为教育契机，实施"保教结合"的途径。

　　健康生活课程涵盖了入园、饮水、如厕、进餐、午睡、盥洗、离园七大环节，抓住幼儿生活中偶发的小事件，形成幼儿感兴趣的话题。以生活问题为导向，以健康生活为目的，形成了小班、中班、大班不同年龄阶段幼儿健康生活的课程内容，实施课程生活化。

　　值得注意的是，生活化课程是随着儿童的发展需求、经验与兴趣需要而开展的，小班、中班、大班生活化课程的开展顺序、时间都会因每个班幼儿的不同经验、发展水平而不同，课程也仅是预设大致框架及脉络走向，具体实施时也会更加关注幼儿的想法、兴趣，生成新的话题。同时，各年龄段的课程也进行留白，给予教师和幼儿思考与发展的空间，逐步丰富生活化课程。

　　儿童是教育的出发点和终点，课程对儿童与社会的联结起到了支撑作用。新的教育观提倡个性化、自主化，强调课程内容要生活化和全面性。幼儿园课程生活化的实施，本质是让幼儿回归生活，注重体验，构建自己对世界的认识与理解。

第一节　小班健康生活课程

一、小班如厕环节

活动导图★

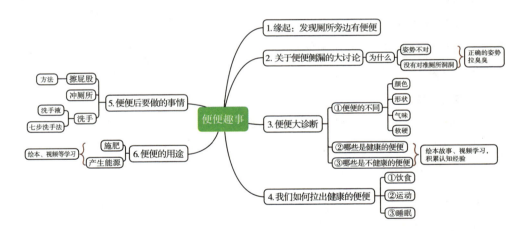

心中有目标，观察才会有方向，结合《指南》，整理出小班幼儿在如厕方面的发展目标。

核心经验★

（1）懂得在幼儿园如厕是一件很正常的事情，不紧张、不拒绝。

（2）懂得及时排便对身体健康有好处，有便意时会主动告诉教师。

（3）能自己脱裤子、提裤子，大小便入池，便后自理。

（4）定时排便，便后冲水，便前便后洗手。

（5）知道在厕所逗留、玩耍有危险，能安静有序地如厕。

（6）了解大小便与身体健康的关系，能初步关注身体健康，养成良好的如厕习惯。

依据以上目标，一场基于幼儿需要的课程就由此开始了。

课程实施★

1. 活动缘起

一天，在厕所里传出了一阵喧哗的声音："老师，快看，有小朋友把便便拉在厕所外面了。"从这一突发小事件，老师"看到"了教育的契机。《纲要》指出，早期对幼儿进行如厕能力的培养，有益于提高幼儿生活自理能力，对幼儿智力、情感、独立性等的发展都有重要作用。厕所里偶发的小事件促使教师开展了一系列有关便便的班本课程。

2. 关于便便侧漏的大讨论

教师将孩子们便便侧漏的现场拍了下来，并围绕"便便为什么会拉出厕所"这一问题和孩子们展开了一场大讨论。

幼儿A："便便太大了。"

幼儿B："屁屁没对准厕所洞洞。"

幼儿C："擦屁屁的时候不小心弄到上面了。"

幼儿D："上厕所的姿势不对。"

师："原来有这么多的原因，那我们有什么办法让便便不拉出厕所呢？"

幼儿E："我们拉便便时屁屁要对准厕所洞洞。"

幼儿F："还有拉便便时要先分开双脚，然后扶着把手慢慢蹲下去。"

通过讨论，孩子们掌握了正确拉便便的姿势，再也没有出现过便便侧漏的现象。到这里，你以为"便便风波"就此结束了吗？并没有，它依然继续着。

幼儿："老师，我们拉的便便都一样吗？"

师："你真是一个爱思考的好孩子，你的这个疑问需要我们一起探索，找到答案。"

于是孩子们变身成了"便便观察员"，开始了便便的探索之旅。

3. 便便大诊断

（1）观察便便的不同

为了让幼儿持续观察、记录便便的不同，我们提供了一张便便记录表，并在记录表上给出了三个维度的重点提示。

★ 便便的形态（硬硬的小球或者块状，像香蕉一样长长的条状，黏黏的糊状、水状等）。

★ 便便的颜色（黄色、棕色、接近黑色的深棕色等）。

★ 便便的气味（不同的表情程度代表不同的臭度）。

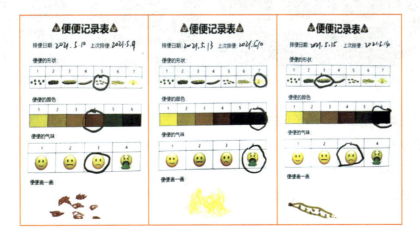

　　《指南》指出，幼儿的学习是通过直接感知、实际操作和亲身体验获得的。小班的孩子年龄小，他们的思维以具体形象思维为主，根据他们的年龄特点，我们采用直观形象的图示——便便记录表进行记录，它不仅增强了他们的参与性和阅读的兴趣，也提高了他们的观察力和认知能力。

　　所有幼儿将记录表拿回园内后，进行了一场有趣的分享活动，通过分享，他们不仅会阅读自己的便便记录，还会阅读其他小朋友的便便记录，从中也知道了便便的形态、气味、颜色、软硬都是有所不同的。

　　随着孩子们对便便的熟悉，我们制作了另外一份观察拉便便次数以及地点的记录表，孩子们根据上面的内容进了为期一周的记录活动。

　　通过此记录活动，孩子们的收获如下。

　　收获1：拉便便是有规律的，有的小朋友每天都拉便便，有的是隔一天拉一次。但是如果好几天都不拉便便，爸爸妈妈就会很担心。

　　收获2：通过便便可以知道自己的身体是不是健康。

　　幼儿："老师，那怎样的便便才是健康的？怎样的便便又是不健康的呢？"

师："关于这个问题的答案，需要我们继续探索哟。"

（2）研究便便的健康

教师支持：我们根据孩子们的探索兴趣，提供了绘本故事、视频学习、经验积累等方式让幼儿直观地了解便便的健康程度以及如何区分健康的便便和不健康的便便。

教师的思考

　　《指南》指出，要为幼儿创设丰富的教育环境。同时《纲要》指出："幼儿园应为幼儿提供健康、丰富的生活和活动环境，满足他们多方面发展的需要，使他们在快乐的童年生活中获得有益于身心发展的经验。"因此，我们不仅在班级内创设了有关便便的环境支持，而且在阅读区投放了一些有关便便的图书，并把有关便便的环境教育内容渗透到课程中，如在美术活动教学制作"有趣的便便"时，幼儿不仅学会了搓揉的制作技能，而且知道了健康便便与不健康便便的形态、颜色的不同。

（3）我们如何拉出健康的便便

小朋友在丰富多彩的活动中知道了区分健康便便和不健康便便的方法，同时对如何拉出健康的便便产生了新的好奇。

他们通过以上教学活动的学习及调查得知：想要拉出健康的便便首先需要注意饮食，不能吃过冷的食物，要多吃蔬菜、水果以及多喝水，还要多运动、早睡早起，每天保持愉快的心情。

师：了解了这么多关于便便的知识，那小朋友们知道便便后需要做哪些事情呢？现在让我们一起来学习一下吧！

（4）便便后要做的事

《纲要》指出：良好的生活习惯、基本的生活能力是幼儿身心健康的重要标志，也是其他领域学习与发展的基础。为了让幼儿养成便后良好的卫生习惯，我们开展了如下教育活动。

★ 便便后要擦干净小屁屁。

★ 擦完屁屁后要及时冲厕所。

★ 冲完厕所后要用洗手液，按照七步洗手法洗干净小手。

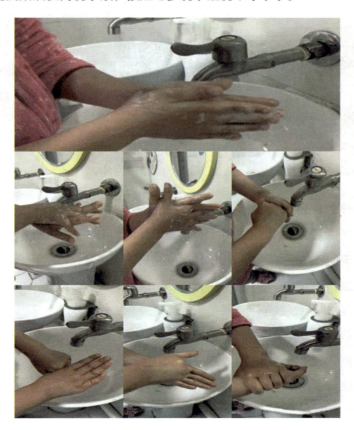

　　根据《指南》，可以指导幼儿学习和掌握生活自理能力的基本方法，如穿脱衣服和鞋袜、擦屁股的正确方法。我们通过有趣的活动和朗朗上口的儿歌，让孩子们很快掌握了便便后要做的事的正确流程与方法。

（5）便便的用途

　　为了继续探究便便的秘密生活，我们充分利用了家长资源，让家长和孩子一起看书、上网查阅资料，在这个过程中，他们得到了许多有意思的发现，也知道了便便的各种用途。

　　经过查找资料后，孩子们带着他们的成果进行了一番大讨论。

　　梓登：我知道牛粪是可以燃烧的。

　　斯咏：打仗的时候，人们会燃烧便便发出信号。

　　师：便便可以用于制造甲烷，甲烷是一种可燃气体，用于工业或民用（如沼气池）……

"哇！"孩子们在讨论中惊叹了起来，他们发现便便原来如此厉害。在这个过程中，他们又产生了许多新的疑问："便便里面都有什么？""为什么便便要叫'臭臭'，不能叫它'香香'吗？""为什么同一个人拉的便便每一天都不一样？""那些便便从马桶里下去以后都去了哪里呢？"……就这样，他们与便便的故事还在发生着。

教学反思★

2～4岁是孩子自主性和羞怯疑虑相对发展的阶段。小班幼儿以感受、体验为主，喜欢多变的活动，所以本次开展"便便趣事"的课程，围绕多个领域，让幼儿感受不同活动的乐趣。例如，首先让孩子们体验拉便便是正常的生理反应，而且是很有趣的事情，让孩子们对便便有了进一步的认识与了解，从而减少羞怯和疑虑感。其次让孩子们了解食物消化吸收并转化成粪便的过程，懂得营养均衡的重要性，使一些孩子挑食偏食的现象逐渐改善。更重要的是，孩子们开始调整不良的排便习惯，在家里尝试自己擦屁股，提升自我服务能力；

在幼儿园里也不再因为贪玩错过便意，从而造成便秘的后果。自从开展了这一课程，我们发现，在幼儿园拉便便的人数逐渐增多，孩子们在幼儿园的适应能力有了很大的提高。

二、小班饮水环节

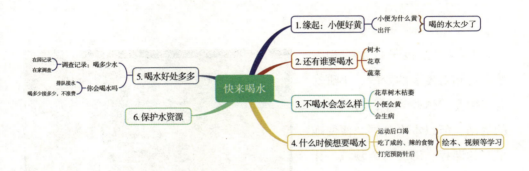

（1）能够按图示标志取水杯和放水杯。

（2）有序接水，知道要接适量的水。

（3）接了水之后会避开其他小朋友，防止水杯里的水洒出来。

（4）在喝水时能找到适当的位置饮水。

1. 活动缘起

一天，茹茹拉着教师的手急急忙忙跑进厕所，指着那黄黄的厕所坑问我："老师，为什么厕所这么黄呀？""对呀，为什么这里这么黄呢？这些黄黄的小便是谁小便的呀？"这时候我和茹茹的对话引起了刚要来上厕所的几个女孩子的围观，随后她们也参与到我们的讨论当中。茹茹："这些小便怎么那么黄啊？还有一股奇怪的臭味。"文文："老师，为什么有些小朋友的小便会这么黄呢？""我们带着这些问题，去跟其他小朋友一起探讨探讨吧，看看他们是不是知道这到底是为什么。"

　　带着孩子们的这些疑问，教师接下来就开展了"快来喝水"一系列活动。教师首先与孩子们一起探讨"我们的小便为什么会这么黄"，当教师把这个问题抛给孩子们的时候，他们的回答毋庸置疑都是一样的——因为喝水很少！

　　教师根据孩子们的回答——因为喝水很少，开始着手，组织幼儿谈话、讨论："我们的小便为什么会这么黄？"喝水少，水分摄入不足，导致尿液的浓度加大，从而出现尿液深黄，如果我们每天都能够补充足够的水分，尿量会增加，然后黄黄的小便就会变得淡淡的。通过一系列的谈话、讨论和教师的引导，孩子们知道了喝水的重要性。

2. 什么时候想要喝水

师：小朋友，我们都知道如果喝水很少，我们的小便就会变成黄黄的，为了让我们的小便不再是黄黄的，我们每天都要喝很多水。那你们知道我们在什么时候是最想喝水的吗？

幼儿1：老师，我知道！我知道！

幼儿2：在做完运动、流很多汗的时候，我们是最想喝水的。

幼儿3：刚睡醒的时候，我也很想喝水。

幼儿4：如果妈妈炒的菜很咸很咸，我吃了之后会很口渴，那时候我也是最想喝水的。

幼儿5：我看妈妈吃了很辣的东西之后也会马上去找水喝。

师：是的，回答正确，你们都很会动脑筋想问题。刚才小朋友们所提到的这些情况，都是我们最需要喝水的时候。

幼儿：老师，我想把我们刚才说的都画下来，让更多的小朋友知道在什么时候我们是最想喝水的。

师：可以呀，你们都是会关心他人的好孩子！

总结：

★ 刚睡醒，口很干，想喝水。

★ 运动完，流了很多汗，很口渴，想喝水。

★ 吃了辣椒后，太辣了，想喝水。

3. 喝水大比拼

师：快看看我们的宝贝有多爱喝水！在幼儿园喝水和在家喝水我们都做了记录表，精确到你喝了多少毫升哦。今天你喝了多少毫升呢？（附喝水调查表）

4. 还有谁要喝水

一天中午，孩子们吃完午饭，我带着孩子们在外面散步的时候，突然一个孩子指着一盆干枯的盆栽对我说："老师，你看，它们都干掉了，它们也要喝水的！"孩子的问题瞬间就启发了我："除了我们要喝水之外，还有谁要喝水呢？"我又把这个问题抛给了全班幼儿，他们的回答更是丰富多彩。

颖颖：大树。

娴娴：小猫。

超超：花朵。

珊珊：小鱼儿。

……

还有很多各种各样的回答，他们的想象力实在是太丰富了！可见，童趣童真无处不在。

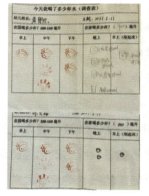

5. 我会喝水

幼儿："老师，凡凡又洒水了。"

幼儿："老师，文静的水洒了。"

……

每天我们都会收到不一样的"状词"，且都是围绕水洒了的问题。于是，我组织孩子们进行了一次关于"如何不洒水"的小讨论。

师：小朋友怎样才能不洒水呢？

竣竣：老师，朗朗没有排队，挤到了凡凡，凡凡的水就洒了。

师：那怎么办呢？

竣竣：排队喝水。一个挨着一个，不挤就不洒水了。

师：对啦。那还有其他办法吗？

文静：老师，要两只手扶着杯子喝水。不用两只手拿杯子就可能洒水。

师：嗯，两只手拿杯子。还有吗？

佳佳：老师，接了水就在边上喝，不要挤。

文文：可以回座位坐下来喝水。

……

经过这一次的谈话，孩子们达成了共识，制定了"我会喝水"的小规则：排排队、双手拿杯、靠边喝水等。接下来，在孩子们每次喝水的时候，教师重点观察孩子喝水情况，发现大部分孩子能够遵守自己制定的喝水约定，之前出现的洒水现象也越来越少了。

6. 如何保护水资源

某天，孩子们在排队喝水，大家都依次有序地接水并找到了舒服的位置喝。但当轮到程程接水的时候，程程发现饮水机没水了。几个孩子围过来看着饮水机，议论纷纷："老师，这个饮水机怎么不出水了？""老师，没水喝了。""老师，怎么办？水没了。"

面对孩子们的疑问，教师也故作惊讶："哦？饮水机没水啦？那就是前面的小朋友接了好多水，没水了吧？""是，水都被喝光了！""那怎么办？我们等等看？"在教师的建议下，孩子们有序离开。过了大约10分钟，饮水机发出突突突的声音，"来水了！"孩子们都兴奋地欢呼起来，陆续过来排队喝水。

抓住这一契机，教师又给孩子们提出一个问题：如果饮水机的水没了，只要大家等一等，往饮水机里加水就又有水喝了。但是万一我们地球上的水都被用光了呢？

教师通过播放环保的视频和图片，引导孩子们了解到地球上的水资源也是有限的。但是如果我们浪费很多的水，那我们还有水喝吗？由此，孩子们又展开了一场"保护水资源"的大讨论。

师：我们在班上什么时候要用到水宝宝呀？

文文：喝水、漱口、洗手、上厕所……

教师：那我们在做这些事情的时候怎么爱护水宝宝呢？

小冉：老师，漱口接半杯水就好了！不要接很多，不要浪费水宝宝！

文文：洗手的时候水不要开很大，开一边的就好了。

师：那如果洗手的时候要用洗手液呢？

文文：先关掉水龙头，再挤一点点洗手液。

师：哇，这个想法不错哦！还有呢？

嘟嘟：老师，上厕所的时候要冲水的。

师：嗯嗯，要冲水的。那多少水才够呢？

嘟嘟：冲一下就好了！

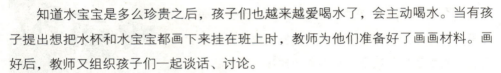

最后，孩子们达成了共识。大家也开始行动起来，一起保护水宝宝！

知道水宝宝是多么珍贵之后，孩子们也越来越爱喝水了，会主动喝水。当有孩子提出想把水杯和水宝宝都画下来挂在班上时，教师为他们准备好了画画材料。画好后，教师又组织孩子们一起谈话、讨论。

（1）你们知道自己一天要喝多少水吗？

（2）喝水和喝饮料一样吗？

（3）种植园地里的大蒜宝宝每天都要喝水吗？

教学反思★

　　《指南》在健康领域生活习惯与生活能力方面对3～4岁幼儿饮水的目标是：愿意饮用白开水，不贪喝饮料。《幼儿园工作规程（2016版）》也明确指出：要培养幼儿主动喝水的习惯。因此，培养幼儿主动喝水、科学喝水，探讨有效的组织引导策略，是极具价值的生活课程。

　　活动开展前期，孩子们喝水经常需要教师的提醒和督促，同时，洒水、倒水、弄湿衣服等现象也时有发生。直至孩子们有了一个小发现：小便好黄是因为水喝少了。于是，教师依据小班幼儿年龄特点，结合健康、社会、语言等领域，坚持以问题为导向，提出"如何保护水资源""还有谁要喝水""如何正确喝水"等问题，组织幼儿通过谈话、讨论、探索、拓展延伸等活动进行班本生活课程的开展与实施，以此逐步培养幼儿主动喝水的意识及节约用水等良好的行为习惯。另外，教师充分发挥环境的隐性教育功能，无论是教师与孩子们喝水中的"干杯"游戏，还是"今天你喝水了吗"的墙面插卡设置，无一不让孩子们在耳濡目染中、在潜移默化中帮助建立起喝水的规则与习惯。小伙伴们相互模仿、相互学习，从最初的不喜欢喝水到现在的主动喝水，从每次喝一小杯水到每次都喝不少于半杯的水……孩子们的进步让教师感到欣喜与高兴。

　　一日生活皆课程。从"快来喝水"到"快乐喝水"，其实就是这么简单！接下来，我们把"喝水"这一健康活动课程延伸到家园共育中，进一步帮助幼儿巩固良好的行为习惯。

第二节 中班健康生活课程

一、中班入园环节

活动导图★

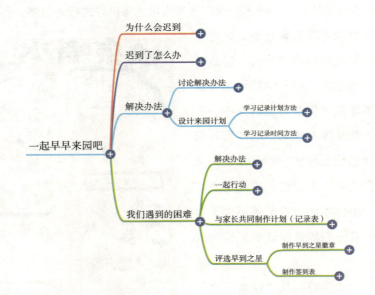

核心经验★

（1）穿着整洁，有意识地整理好自己的穿着。

（2）经常保持愉快的情绪，喜欢教师和同伴（有比较强烈的情绪时能在成人的提醒下逐渐平静下来）。

（3）能使用礼貌用语主动向教师问好，并和家长道别。

（4）能主动将书包放在指定位置。

（5）积极参与晨练，有自己的玩法。

（6）掌握正确的洗手方法，主动将小手洗干净。

课程实施★

1. 活动缘起

这天晨间锻炼时，孩子们正在排队准备锻炼，一个孩子说："怎么人这么少呀？"教师看了看自己班级的人数，再看看其他班级的人数，仔细数了数，发现自己班只有15个孩子到幼儿园（此时已经8：10，班级总人数35人）。现在已是中班下学期了，但仍然有很多孩子来园时间都比较晚，这直接影响了孩子参加晨间锻炼。于是，教师和孩子们"一起早早来园吧"的故事也从这里开始了。

2. 造成迟到的原因

（1）讨论：为什么会迟到

幼儿：晚上睡得太晚，早上我起不来。

幼儿：路上太堵车了，就会迟到。

幼儿：爸爸妈妈送我比较晚，我就上学迟到。

这时，在讨论中有一个声音："不可以迟到，迟到一点都不好！"

幼儿：迟到就玩不了游戏了。

幼儿：还不能锻炼身体。

幼儿：幼儿园的大门会关上！就进不来了！

（2）经过讨论得到解决的好办法

方法一：专心穿衣

幼儿：穿衣服快一点！

幼儿：早上穿衣服的时候不能只顾着说话和玩，这样就会节省很多时间。

方法二：早早起床

幼儿：7：00就起床，一定来得及！

幼儿：早睡早起身体棒！

方法三：节约途中时间

幼儿：骑电瓶车会快一点！

幼儿：或者快快地走！

幼儿：开车也快呀！

幼儿：堵车就晚了，走路还可以锻炼身体！

教师的思考

从幼儿生活中真实遇到的问题——"迟到"出发，引导幼儿从自身因素和外界因素两个方面思考事情发生的原因，一起商量讨论应对问题时可以怎么办。从各种方法中，幼儿学习了提前做计划、养成良好的作息和生活习惯、管理时间、自我服务、动手能力以及基本的生活自理能力，同时在思考问题的过程中培养自主解决问题的能力。

① 幼儿讨论发现问题。

问题一：怎样做计划？

教师在与幼儿讨论的过程中发现幼儿并不知道怎样做计划，于是和孩子们一起进行了关于制作计划表的学习。

问题二：怎么记录时间？

我们教室里有一个时钟，时间是怎么表示的呢？我们一起来学习……原来在机械时钟上，短针代表时，长针代表分。

除了教室里的两个时钟，还有很多不同的时钟。我们可以把家里的各种时钟带到幼儿园和同伴一起认识。

我们发现，闹钟长得很像，都有两只"小耳朵"，可以发出"丁零零"的声音。

除此以外，还有的时钟叫"电子时钟"，上面除了有时间，还有温度、日期等显示。

还有的时钟可以用来玩，通过拨动指针来认识时间，是玩具钟。

原来闹钟的后面还藏有机关，只要把后面的机关转一转，设置到我们需要的时间，小闹钟就会丁零零地响。

② 我来记录时间。

幼儿：这写的是什么呀？

幼儿：我写的是8点15分！

幼儿：1不是这样写的啊，我来教你写。

幼儿：老师，他写的是几点呀？我看不懂。

幼儿：我写的7点20分！

幼儿：你写反了，7要写在前面的！

教师的思考

　　在活动中帮助幼儿学会做计划是其养成自主管理、自主学习的有效方法之一。同时，通过比较观察，幼儿了解到不同时钟的种类、功能等。我们通过活动让幼儿初步学习计时，认识时钟，了解时钟的多功能性。尝试自主管理时间，这也是幼儿在发展过程中一项十分重要的能力。

3. 计划定好后，我们遇到的困难

计划定好后，我们按照计划上的时间开始行动啦！起床、吃早饭、入园、锻炼……

（1）困难

困难一：挑选衣服——提前准备。

幼儿：哎呀，我怎么比我计划上的时间晚呢？

师：究竟是什么原因呢？

幼儿：我早上穿衣服穿了好久，选了很多件衣服。

幼儿：早晨的衣服应该昨天晚上就准备好。

幼儿：我的衣服都是妈妈前一天晚上就帮我准备好的。

幼儿：可我不知道准备什么衣服。

幼儿：看天气预报！

幼儿：天气预报有时候不准的！

幼儿：那就准备两套，一套厚的，一套薄的！

困难二：起不来——设置闹钟。

幼儿：我昨天很晚才睡觉，今早起不来。

幼儿：晚睡是不好的习惯。

幼儿：我妈妈手机上有闹钟，闹钟一响，就告诉我要起床了。

幼儿：闹钟还有手机上的闹钟和长得像钟一样的闹钟！

困难三：家远——早点起来

幼儿：家离幼儿园太远了，每次过来都要很长时间！

幼儿：那就把车子开快一点。

幼儿：有时候路上会堵车。

幼儿：要不早一点起来吧！

（2）一起行动

于是，我们展开了一场早晨起床的模拟情境计时考验。从午睡起来穿好衣服，最快用时3分钟，最慢用时10分钟不到。在小伙伴的影响下，一些速度慢的小朋友也逐渐提高了自己的速度。

（3）爸爸妈妈来帮忙

一段时间后，我们召开了家长会。在家长会上，我们也针对孩子早早来园的情况向家长进行了反馈，建议家长鼓励自己的孩子早早来园，与孩子共同制订上学计划，并尽量克服影响来园迟到的困难。

4. 评选早到之星

幼儿：我今天是第一个来幼儿园的！

幼儿：第一名有奖励吗？

幼儿：最好看的贴纸！

幼儿：给他颁发一个徽章，徽章上有小花！

幼儿：让我们自己动手制作，颁发给早早来园的小朋友吧！

（1）早到之星

（2）早早来园签到表

到底是谁每天第一个来幼儿园的呢？每天早早来园的小朋友又有多少？

这一天，我们重新考虑了签到的问题。在签到表上，我们将时间记录下来。除了时间外，我们还记录了日期、天气、幼儿的标记以及当天早到的小朋友可以选择自己想去的锻炼地点和游戏器械，将自己的签到本夹到最顶端。现在，我们早早来园的人数有了很大的提高。

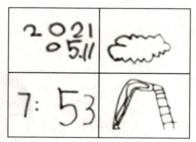

教学反思★

发现问题—解决问题—生活实践的过程正是孩子们学习新知识、增长新认知的过程。在"早早来园"这一班本课程中，我们通过共同讨论，感受各种想法的碰撞，鼓励幼儿勇于发表自己的观点，提出自己的问题，引导幼儿主动思考。

　　同时，我们结合自己的生活，将孩子们自己探讨出来的"早早来园"方法进行了尝试，给予幼儿正向强化。当幼儿感受到早早来园带来的一系列"甜头"后，按时来园的幼儿人数一天天增加了，幼儿也逐步形成了珍惜时间、做事不拖拉等好习惯。

二、中班进餐环节

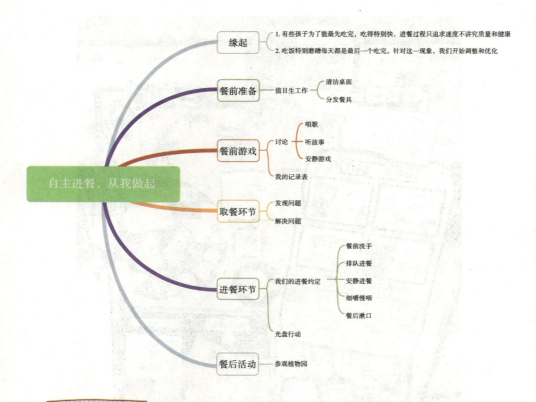

活动导图★

缘起	1. 有些孩子为了能最先吃完，吃得特别快，进餐过程只追求速度不讲究质量和健康	
	2. 吃饭特别磨蹭每天都是最后一个吃完。针对这一现象，我们开始调整和优化	
餐前准备	值日生工作	清洁桌面 / 分发餐具
餐前游戏	讨论	唱歌 / 听故事 / 安静游戏
	我的记录表	
取餐环节	发现问题 / 解决问题	
进餐环节	我们的进餐约定	餐前洗手 / 排队进餐 / 安静进餐 / 细嚼慢咽 / 餐后漱口
	光盘行动	
餐后活动	参观植物园	

中心：自主进餐，从我做起

核心经验★

（1）值日生能够帮助保育员分发餐具、毛巾、食物等。

（2）进餐时能够正确使用餐具和餐巾，坐姿正确，速度适中。

（3）文明进餐，能够遵守用餐规则和礼仪，保持桌面、地面整洁。

（4）餐后能够独立收放餐具，并送到指定位置。

（5）餐后能主动擦嘴、漱口，方法正确，逐渐形成习惯。

课程实施★

1. 活动缘起

（1）有些孩子为了最先吃完，吃得特别快，饭菜在嘴里咀嚼时间过短，同时经常把饭菜撒满桌面。

（2）个别孩子吃饭特别磨蹭，每天基本上都是最后一个吃完。

针对这些问题，我们班开始了关于餐前、餐中、餐后的班本课程探究。

2. 餐前准备

师：小朋友，在进餐之前小小值日生需要做什么？

幼儿：拿抹布擦桌子，把餐盘还有纸巾放在桌面上。

师：是的，这是小小值日生日常需要做的事情。

3. 餐前游戏讨论

师：请小朋友以分组形式一起讨论餐前游戏我们可以怎么玩。

（幼儿们激烈讨论）

师：我们在吃饭之前玩什么游戏呢？我们一起来讨论一下吧！

幼儿：我们可以玩剪刀石头布。

幼儿：我们还可以唱唱歌。

幼儿：我们还可以听故事。

……

师幼共同得出讨论结果后，可以用绘画的方式把小组在餐前进行的游戏活动内容记录下来。

4. 取餐环节

（1）发现问题

欣儿：老师，排队的时候后面总有小朋友在挤我。

鹏：老师，我不小心打翻饭菜了。

（2）解决问题

师：那我们可以怎么解决以上问题？

伊人：我们排队的时候可以拉开距离。

幼儿：多宽的距离才合适呢？

昊昊：如果我们保持一个手臂的距离，那么大家就不会挤在一起了。

幼儿：我们在取餐的时候有什么好办法可以避免碰撞不小心打翻饭菜呢？

伊人：我们拿饭菜的时候应该从两旁绕过去，这样就不会跟拿餐的小朋友撞在一起了。

（3）运用尝试

师：刚才小朋友提出解决问题的方法都非常好，那我们都来试一试。

5. 我们的进餐约定

师：小朋友，你们知道进餐的时候有哪些约定吗？

云云：老师，我知道，进餐约定就是在吃饭的时候安静地吃饭。

枫枫：嗯——吃完饭之后要去漱口，还有擦干净小嘴巴。

林林：还有好好地排队拿餐。

瀚瀚：还有最重要的就是要先洗手再吃饭。

师：是的，宝贝们真棒！现在请你们用画画的方式把进餐的约定画下来。我们一起遵守我们的进餐约定吧！

妹妹：好的，没问题！我们赶紧画下来吧！

我们的进餐约定画下来啦！

6. 光盘行动

瀚瀚：老师，你看！今天我又把饭菜吃光光啦！今天的饭菜好好吃！

幼儿：瀚瀚，你真厉害！今天吃饭第一名哦。

瀚瀚：是的，我吃饭吃得很干净，今天的汤好甜好好喝！

涵涵：老师，我也吃了白米饭和青菜，好饱呀！

师：你也很不错！都吃光盘啦！

我的光盘记录。

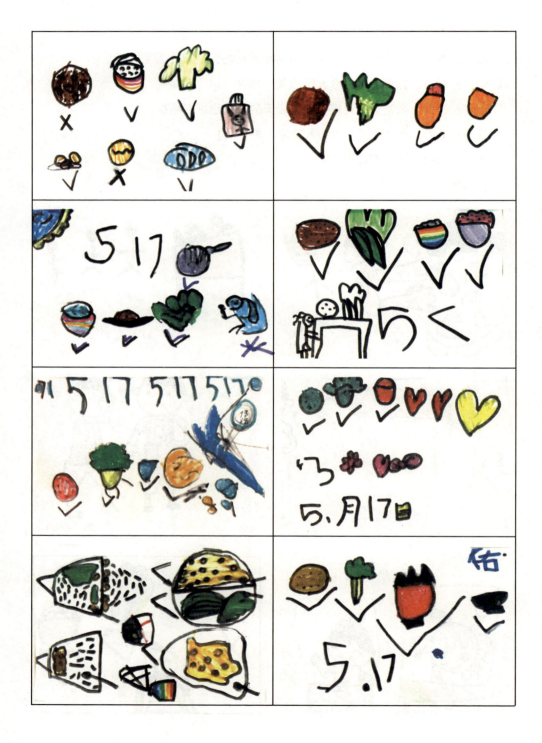

7. 餐后活动

吃完午饭后，教师组织幼儿一起去植物园参观菜园。

欣儿：老师，这是什么菜呀？

师：这是番薯叶。番薯在地里，每天浇水施肥，叶子就长出来了。

桀桀：这些叶子好多都是绿色的，可以吃吗？

昊昊：应该可以吧，我们去问问老师呗！

姐姐：哇！这是辣椒树呀，好辣呀！

妹妹：我们摸一下，看看辣不辣。

月月：我们可以闻，是什么味。

文文：我在家吃饭的时候，我妈妈还有奶奶都很喜欢吃辣椒，吃好多好多辣椒。我也吃过辣椒，都辣死我了，哈哈哈……

教学反思★

　　教师从一日生活中最细小的吃饭环节入手，让幼儿感受到了幼儿园的温暖。从"包办"到"自主"的进餐管理，大大激发了幼儿愉快的进餐情绪，为幼儿提供了很多自由和更多表达自我需求的权利。最重要的是，教师也从中感受到幼儿的潜力是无穷的，只有勇敢放手，幼儿才会更自主、更快乐。

三、中班午睡环节

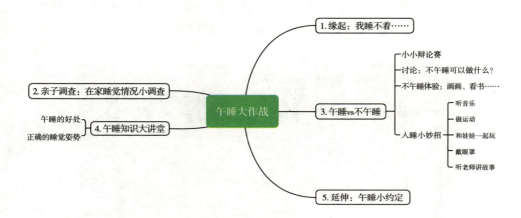

活动导图★

		小小辩论赛

1.缘起：我睡不着……

2.亲子调查：在家睡觉情况小调查

午睡大作战

3.午睡vs不午睡
- 小小辩论赛
- 讨论：不午睡可以做什么？
- 不午睡体验：画画、看书……
- 入睡小妙招
  - 听音乐
  - 做运动
  - 和娃娃一起玩
  - 戴眼罩
  - 听老师讲故事

午睡的好处
正确的睡觉姿势
4.午睡知识大讲堂

5.延伸：午睡小约定

核心经验★

（1）午睡前能保持情绪平和，不大声喧哗。

（2）能正确穿脱衣服，并将衣服叠整齐后放在指定位置。

（3）乐意自己铺被子，能区分被子的正反、长宽，为自己盖上被子。

（4）午睡时能保持安静，不影响他人午睡。

春夏之交的中午时分，太阳照得树叶油亮亮的，窗外飘来隐隐约约的虫鸣鸟叫声，这样慵懒的午后正是睡觉的好时光。如果这时候有一场雨，送来微风与清凉，那一定是最美好、舒适的。可是，班上有几个孩子说不想睡午觉。

课程实施★

1. 活动缘起

一天午睡，晴晴没有入睡。

师：晴晴，你今天怎么不睡觉呀？

晴：因为中午我有点不想睡。

师：为什么中午不想睡觉呢？

晴：我也不知道，我中午就是睡不着啊。

这时候旁边的小朋友听到了也凑过来，你一言我一语地讨论起来了。

我们也翻查了最近的午睡记录，发现最近两周孩子们在园的午睡情况不是很好，有好几个孩子中午不睡觉。

近两周幼儿在园不午睡情况

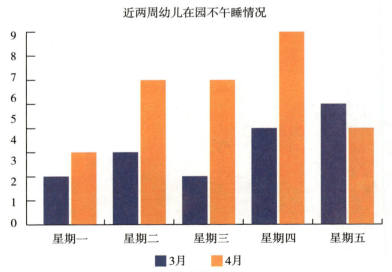

注：采用的是3月22日—4月2日的数据。

> **教师的思考**
>
> 　　《指南》指出：幼儿阶段是幼儿身体发育和机能发展极为迅速的时期，也是幼儿形成安全感和乐观态度的重要阶段，应保证幼儿每天中午睡觉达到2个小时左右。睡眠对幼儿的生长发育有着重要作用，于是我们借此机会和幼儿们开展了一次关于午睡的深入讨论。

2. 在家睡觉情况小调查

　　根据孩子们交回来的调查表我们发现，班上大部分孩子在家晚上是10点左右睡觉，早上7：00—7：30起床，午睡时间是下午1：00—4：00，一般睡2个小时左右，一天睡觉时长是9~11个小时。有10个小孩在家没有午睡的习惯。

　　《指南》指出，3~6岁幼儿应该保证每天睡11~12个小时，其中午睡一般在2个小时左右。

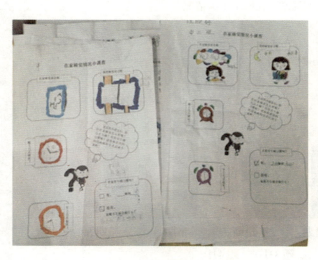

3. 午睡vs不午睡

　　师：到了午睡时间，我们到底要不要睡觉呢？不睡觉的小朋友会做什么呢？

（1）小小辩论赛

带着这些疑惑，教师组织幼儿开展了一次"午睡vs不午睡"的小辩论。

正方——午睡

乐乐：不睡觉长不高，晚上会困。

双瑜：睡午觉对身体好。

艺洁：中午太困了，要午睡的。

翀翀：睡好觉了才有精神玩。

潼潼：睡觉可以保护眼睛。

反方——不午睡

熙熙：太吵了，中午睡不着。

彬彬：在家睡太多了，在幼儿园睡不着。

泓仔：我觉得不困，就不想睡了。

欣妤：天太亮了，眼睛闭不起来。

睿轩：因为我想去玩。

经过激烈的小辩论，孩子们都坚持自己的想法，于是我们提议来一次不午睡体验活动。想参加的小朋友自愿举手参加，但是要在午睡的时候保持安静，不能影响午睡的小朋友。

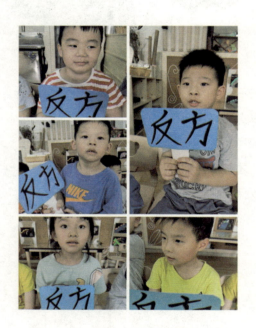

（2）不午睡可以做什么

师：如果中午不睡觉，你会做什么？

幼儿：去玩！

师：不能吵到别人睡觉哦。

幼儿：那我们可以看书。

幼儿：画画。

半小时后参加不午睡体验活动的几个小朋友趴在桌子上，开始有点儿困意了。

师：宝贝，你们困了吗？

幼儿：是啊，我们有点困了。

幼儿：我的眼睛都要打架了。

幼儿：太困了，我一直在打哈欠。

幼儿：我的眼睛要睁不开了。

师：那你们要不要去睡觉呢？

然后，陆陆续续有几个孩子要去睡觉了。

幼儿：老师，我累了，想睡觉了。

看着越来越多的小朋友都入睡了，熙熙和泓仔也说要去睡午觉了。就这样，这个不午睡体验活动不到1小时就结束了。

教师的思考

　　不午睡体验活动不到1小时就结束了，还以为孩子们能坚持好久，因为考虑到孩子们的生理需求，我们也想过应该什么时候结束。虽然孩子们对不午睡充满了期待，但是当他们真的不午睡的时候，他们的身体其实是需要休息的，在安静的环境中慢慢地有了睡意。

　　孩子们不睡午觉也是他们情绪的一种发泄，其实他们都知道为什么需要睡午觉。通过不午睡体验活动，孩子们对午睡有了更深的认识，都说不午睡太无聊了，而且很困，下午没精神去玩了。

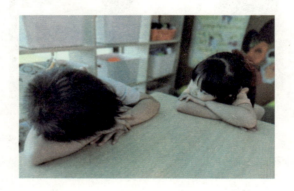

（3）入睡小妙招

怎样能更快地入睡呢？小朋友们来支着儿啦！

（4）睡衣秀

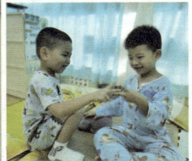

4. 午睡知识大讲堂

教师邀请了保健医生来给孩子们进行午睡方面相关知识的讲解。

午睡是幼儿日常生活中的重要环节。根据幼儿的生理特点，在幼儿园一日生活中（上午8：00—下午4：00），在长达8小时的学习游戏过程中，安排2～2.5小时午睡是非常必要的。

午睡的好处：

（1）促进幼儿身体发育。

（2）增强记忆力。

（3）提高免疫力。

（4）保护心脏。

（5）改善情绪。

5. 活动延伸

我们一起做个午睡小约定吧。

教学反思★

午睡活动在孩子们自发探索的过程中挖掘出了更多的教育意义。基于幼儿视角去讨论和解决问题，使幼儿在实践中获得了知识与经验的提升。作为教师，我们要及时捕捉适宜的教育契机，和幼儿共同尝试与努力，在他们心中播下一颗睡眠好习惯的种子，让他们学会自理、学会生活。

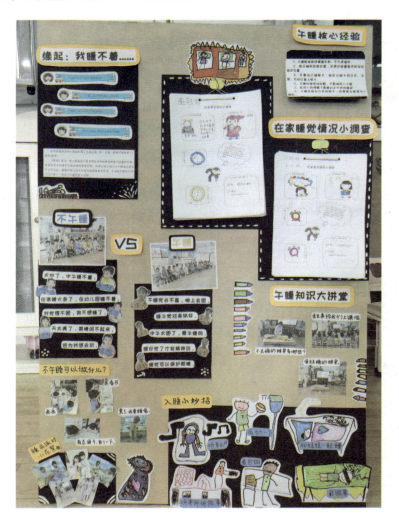

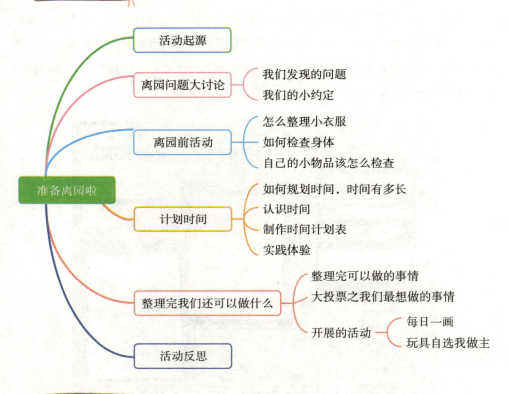

四、中班离园环节

活动导图★

准备离园啦
- 活动起源
- 离园问题大讨论
  - 我们发现的问题
  - 我们的小约定
- 离园前活动
  - 怎么整理小衣服
  - 如何检查身体
  - 自己的小物品该怎么检查
- 计划时间
  - 如何规划时间，时间有多长
  - 认识时间
  - 制作时间计划表
  - 实践体验
- 整理完我们还可以做什么
  - 整理完可以做的事情
  - 大投票之我们最想做的事情
  - 开展的活动
    - 每日一画
    - 玩具自选我做主
- 活动反思

核心经验★

（1）离园前能在教师提示下收拾整理好自己的物品，包括书包、书包柜、衣服架上的个人物品。

（2）离园前能在教师的引导下，整理好自己的衣着装扮。

（3）离园前能自主选择游戏活动，耐心等待家人来接。

（4）离园时不随意奔跑，并能主动和教师、同伴道别。

（5）晚接的幼儿能保持情绪稳定，有情绪时能在成人的提醒下逐渐平静下来。

课程实施★

1. 预设活动

离园活动是幼儿一日生活的最后一个环节，此时的离园时刻正是一个放松自我的机会，因此幼儿显得比较兴奋，也是教师最忙碌和存在安全隐患的时段。为了让离园活动变得井然有序，活动丰富多彩，避免消极等待，幼儿无所事事等，教师与幼儿展开了一系列讨论，通过讨论让幼儿发现问题，说出原因，制定规则，预设与实践，使幼儿深入了解离园活动，积极思考。随着活动的开展，幼儿养成了良好的行为习惯，让短暂的离园生活变成有价值的活动，在日积月累中促进了幼儿的发展。

2. 活动缘起

在离园这个时间段里总是会听到小朋友说"这是谁的衣服在我这里""老师，他撞到我了""老师他们一直在聊天，太吵了"……

幼儿每天离园前有一段时间是需要整理和等待家长来接的时间，因此他们会出现做事情拖拉、聊天、打闹等现象。离园这段时间似乎比其他环节更难把控，少了些有序，多了些混乱。于是针对这些问题，我们与幼儿开展了"造成混乱的原因是什么""离园前应该怎么做"的讨论。

3. 造成混乱状况的原因

（1）讨论：我们发现的问题

洛怡：做事情太拖拉了！

正洋：放学时太乱了。

包包：忘记放椅子。

楷：太吵了，小朋友总是说话，跑来跑去。

（2）经过讨论制定我们的约定

诗芮：小嘴巴要说悄悄话。

政浩：提醒小朋友放椅子。

冬冬：要耐心等待排队。

安珀：专心做自己的事情，不要和别人说话。

朗朗：一个接着一个走，不跑、不跳。

书涵：小耳朵要听老师的话。

……

4. 离园前活动

（1）离园前要做哪些事情

① 幼儿讨论。

正洋：给女孩子梳头发，看一下嘴巴、小脸蛋会不会有脏东西，还要整理书包。

婧妍：背小书包和大书包准备放学。

朗朗：喝完水把小杯子放到桶里面。

包包：可以唱歌、看书、画画。

萱萱：离开座位要放小椅子，背好书包排队。

政浩：还需要检查衣服。

茵茵：检查身体有没有不舒服。

② 发现的问题及解决的方法。

整理仪表，做好安全卫生工作。

如何检查仪容仪表呢？为什么我们放学前要检查这些事情？小朋友按部就班地做着却似乎又不明白检查的意义是什么。

诗芮：两个小朋友互相检查或者照一下镜子。

小颖：检查衣服、鞋子、裤子有没有湿。

包包：老师最后再检查我们的衣服。

朗朗：自己先检查一下有没有穿反衣服。

萱萱：检查衣服里有没有玩具。

师：做了这么多，为什么要这样做你们知道吗？

包包：不知道，到底为什么呢？

师：为了让小朋友回家时变得漂漂亮亮，让小朋友养成良好的整理、卫生等习惯哦。

小结：经过与幼儿讨论，我们归纳，从自检、他检、教师检三个方面检查衣服和身体。学会整理自己的仪表，养成良好的卫生习惯，在这个过程中，教师与幼儿肢体直接接触，幼儿与同伴之间的互相帮助，会让他们感受到教师和同伴的爱与关心，从而发自内心地喜欢教师和小朋友、喜欢幼儿园。

③ 检查身体有没有不舒服？

就如何检查自己的身体、检查什么，教师与幼儿展开了讨论。

朗朗：检查有没有受伤。

诗芮：看一下身体有没有流血，有没有不舒服的地方。

洛怡：检查有没有被蚊子咬，有没有发烧。（测一下体温就知道了）

小结：安全意识应贯穿幼儿一日生活之中，幼儿通过自己检查知道如何得知身体的不舒服，懂得自我保护和安全意识。

④ 物品整理。

书包里的物品乱糟糟的，怎么办？

萱萱：首先把衣服从书包里拿出来，一件一件拿，不着急。

朗朗：先叠衣服，再叠裤子、汗巾、内裤。脏衣服叠好放进脏衣袋。

安珀：口罩和脏衣服分开放，口罩放到前面的小口袋里。

正洋：整理好拉上拉链放到书包柜就可以了。

冬冬：看一看有没有拿错别人的衣服。

小结：自己的事情自己做，教师要鼓励幼儿离园前整理好自己的个人物品，如自己要带回家的玩具、换下的衣物等，引导幼儿分清自己和他人的物品，知道不是自己的物品不能带回家，逐渐养成整理物品的良好习惯。

（2）离园前的准备工作需要多长时间

① 如何规划自己的时间？时间到底有多长？

小朋友问："老师，离园前有多长时间呢？"有的小朋友说5分钟，有的小朋友说9分钟。经过一番猜想，小朋友得知离园前大概有15分钟的时间，这15分钟该如何利用呢？如厕、喝水、检查衣服和身体、换衣服和整理书包、女孩子梳头发、我想做的事情、拿书包、放椅子、排队下楼梯。该如何分配时间呢？小朋友有点不知所措，"我不知道2分钟能做些什么？""2分钟有多久呢？"……七嘴八舌地说着。

②认识时间（时间初印象）。

通过讨论我们发现，幼儿对于时间并不是很清楚地知道多长时间能做什么事情。平时在班上幼儿也只是通过时钟的长短对时间有一个简单的认识，并不能很深刻地感受到时间的重要性。于是，我们和幼儿展开了讨论：怎么才能让自己认识时间呢？上厕所、喝水需要多长时间完成呢？幼儿说"老师可以计时，可以数数"。后来发现虽然计时是好办法，但也不是特别可行，因为还要一直数着，会造成噪声，还会影响别人。经过又一轮的讨论，有的幼儿说："老师，我家有沙漏，沙漏可以计时。"于是幼儿从家里带来了沙漏，慢慢地，1分钟、3分钟、5分钟、20分钟不同时间的沙漏出现在班上。幼儿围过来看着沙漏一点一点地下落，稚嫩的脸上出现了很多的惊喜与好奇……

③ 幼儿自己确定所需的时间。

活动一：教师与幼儿一起理解15分钟有多长，计划能做的事情，分配时间，开始规划和预测。

甜甜：喝水、上厕所我完成得比较快，需要1分钟。

钰洋：换衣服、整理书包，需要做的事情比较多，我需要4分钟吧！

正洋：检查衣服和身体，我需要3分钟。

包包：想做的事情，我完成得比较快，可以多玩一会儿，6分钟吧。

朗朗：排队、拿书包、放椅子，2分钟。

小颖：下楼梯2分钟。

通过沙漏计时，幼儿懂得了1分钟有多久，3分钟有多久……大概懂得时间后，就开始尝试规划自己的时间了。

活动二：利用沙漏体验感知时间。

培养初步的时间观念，幼儿开始学着通过沙漏来对自己的每一项活动计时：上厕所、喝水、检查、整理……

活动三：实践体验。

5. 整理完衣服后我还可以做什么

《幼儿园工作规程（2016版）》指出：综合组织健康、语言、社会、科学、艺术各领域的教育内容，渗透于幼儿一日生活的各项活动中，充分发挥各种教育手段的交互作用。幼儿离园活动是幼儿园一日生活的结束部分，是不可忽视的重要环节。我们充分利用离园前的宽松氛围，开展形式多样的活动，发挥离园活动的教育内涵与价值。

（1）讨论：离园前要做的游戏或其他事情

洛怡：先做完事情的小朋友可以看书。

诗芮：也可以画画。

正洋：可以玩一下桌面玩具。

包包：可以玩一会儿超轻黏土。

安珀：可以折纸、剪窗花。

包包：可以老师弹钢琴，我们唱歌。

小颖：可以去植物区散步，玩一下好玩的手指游戏。

（2）统计想法

① 幼儿画自己想做的事情。

② 进行投票。

（3）开展有趣的活动

① 每日一画。

经过投票我们发现，幼儿对美术活动有着极大的兴趣，于是我们根据幼儿的兴趣开展了绘画活动。

欣赏和绘画的方式提升了幼儿的绘画与艺术欣赏能力，让幼儿根据兴趣去发现、去关注，慢慢积累起美术欣赏的经验。

② 班级新闻大家侃。

"班级新闻大家侃"对于班上幼儿来说是一种新的活动，他们充满期待。整理好衣物后，我们的活动开始了：大家好，我是新闻播报员包包……大家对于新的活动积极性特别高。

小结：这个活动让幼儿发现自己生活中的精彩，留住生活中的快乐，养成了关注身边的人、事、物的习惯，形成了积极的生活态度；同时，锻炼幼儿的语言能力，培养幼儿大方自信的行为态度。

③ 玩具自选我做主。

总是进行集体活动是不能满足个体需要的。所以，教师决定尝试鼓励幼儿自选易取易放的玩具、迷宫、图书等。这些是幼儿的最爱，每次收玩具时他们都有意犹未尽的感觉，这样既减少了消极等待，也使离园前的活动有序且有趣。

教学反思★

　　丰富多彩的离园活动给幼儿带来了不一样的体验，在"幼儿园一日生活皆课程"理念的指导下，对于教师而言，要把离园这段宝贵的时间更好地利用起来，要心中时刻有幼儿，以爱与幼儿交流，捕捉教育契机，进行适当的教育，培养幼儿良好的习惯，如在规定时间内完成该完成的事情，有收拾整理的自律的好习惯，具备自我保护的安全意识，有良好的仪表仪态等，并做到与家长多沟通，有效地挖掘离园活动的真正内涵，更好地促进幼儿的身心健康发展。

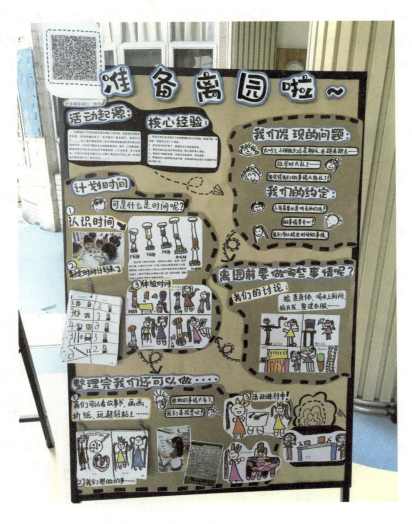

第三节　大班健康生活课程

一、大班值日环节

活动导图★

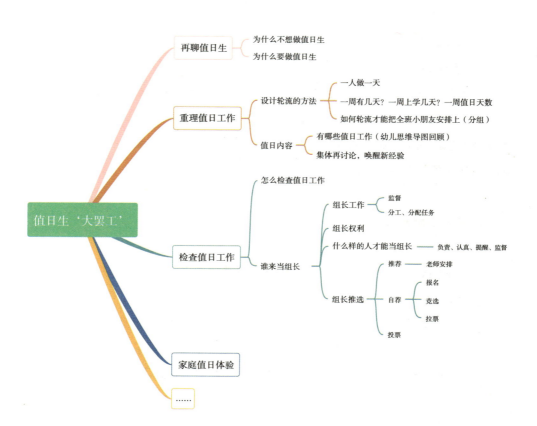

 核心经验★

（1）主动承担任务。

（2）愿意为大家服务，珍惜他人的劳动成果。

（3）能使用简单的劳动工具或用具。

（4）自己的事情自己做。

（5）理解规则的意义，能与同伴协商制定游戏和活动规则。

（6）愿意为集体做事。

（7）在成人的帮助下能制订简单的调查计划并执行。

（8）能通过观察、比较与分析，发现并描述不同种类物体的特征或某个事物前后的变化。

课程实施★

1. 活动缘起

午餐后，孩子们或与三五伙伴一起阅读手中的绘本故事，或在小书箱里翻找自己喜欢的图书……"×××，你今天是值日生，快点回来做值日！"……这个情景最近常在餐后活动时循环播放！随着年龄的增长，大班孩子的自我意识越来越强，对值日生工作却是越来越抗拒。

教师的思考

（1）值日生的主动性不高，需要教师提醒才能进入值日生角色。

（2）组员间分工不明确，导致有人游离，或教师分配。

（3）责任意识较弱，个别值日生进餐后就加入班级的餐后活动（如看书、散步等），需要教师提醒做值日。

（4）个别组的值日生组员吃饭较慢，导致没有完成当天的值日。

幼儿的学习：

（1）在自主讨论中主动表达、阐述自己对值日工作的看法。

（2）细致观察生活中的事物，能够梳理已有的生活经验，清晰值日天数与自主玩玩具之间的关系（值日1天，可以游戏4天）。

教师的思考

（1）教师的要求变成了对幼儿的束缚，忽视了幼儿的独立性（主体性）、自主性。

（2）教师既定的值日工作无法实现对幼儿的发展价值，忽视了值日工作的价值、发展性。

（3）一如既往的任务降低了幼儿的热情，忽视了教育的动态性、生成性。

教师与幼儿之间需要一个民主、平等的教育环境，教师需要重新审视自己的策略、方法。教师与幼儿在相互对话、相互理解的过程中，帮助教师运用自身已有的知识经验，放手支持幼儿生成的课程行为，从而创生出新的教育智慧，以及满足幼儿兴趣和发展需求的生活化课程。

2. 活动过程

问题一：你们想做值日生吗？

不想做值日生	想做值日生
幼儿1：太累、太辛苦了。	幼儿7：想获得优秀值日生徽章。
幼儿2：做值日生就不能玩玩具了。	幼儿8：做1天值日生就可以玩4天了。
幼儿3：洗毛巾太麻烦了。	幼儿9：如果不做的话，教师就会罚我。
幼儿4：好烦，有太多事情要做。	幼儿10：怕被罚做一星期，有时候还会做一个月。
幼儿5：洗的东西太多，洗到手都红了。	幼儿11：做值日生很好玩，让我想起上次拖地的时候发生的很搞笑的事情。
幼儿6：要看吃饭慢的小伙伴，喊到喉咙都疼了	幼儿12：桌子会变得很干净

问题二：如果没有值日生，课室会发生什么事情？

	幼儿1：会被教师批评……
	幼儿2：被罚做一个月的值日生……
如果不做 值日生会怎么样	幼儿3：课室会变得很脏……
	幼儿4：课室会引来很多昆虫，昆虫拉的臭臭要把我们熏死……
	幼儿5：课室就会变成垃圾场……

问题三：怎样做值日工作不烦不累？

幼儿问题	同伴策略
幼儿1：太累、太辛苦了。 幼儿2：做值日生就不能玩玩具了。 幼儿3：洗毛巾太麻烦了。 幼儿4：好烦，有太多事情要做。 幼儿5：洗的东西太多，洗到手都红了。 幼儿6：要看吃饭慢的小伙伴，喊到喉咙都疼了	我们全部人都来做值日生。 那我们可以和好朋友一起干活，这样一边聊天一边干活就不会累了。 一共有6条毛巾，我们可以每个人洗一条，就不会麻烦啦。 我们可以分工啊，一个人扫地，一个人擦桌子。我们可以轻轻地说，这样喉咙就不会痛了。 每一天全部人一起做。 师：如果一天全部人一起做，会发生什么事情？ 我们的抹布只有6块，卫生碟只有6个，那6+6=12，我们班有32人，有足够多的抹布洗吗？我们只能自己搞自己位置的卫生

问题四：体验一天全班幼儿当值日生。

幼儿：全班一起做值日生耽误了玩的时间！

幼儿：我抢不到卫生碟！

幼儿：我没有擦桌布！

幼儿：扫把也不够！

师：看来，全班一起做值日生行不通，怎么办呢？

幼儿：老师，我们还是轮流吧。

幼儿：轮流做也可以，可怎么轮流呢？

幼儿的学习：

（1）借助同伴的力量，通过协调、讨论解决同伴间的困惑，提高问题解决能力。对于前面同伴提出的喉咙疼、要清洗大量毛巾等问题，幼儿能主动思考，提出相应的解决策略。

（2）数理能力在生活中的灵活运用。幼儿比较清晰地了解了前期班级开展值日活动的流程和任务内容，对清洁工具的数量也了如指掌，清楚地知道班级抹布数量、卫生碟数量、全班人数，运用数学知识抽象解决不能全班一起做值日生的问题。

教师的思考

（1）关注幼儿的已有经验，渗透其他领域的整合学习。幼儿已有初步统计、对比的数学知识运用能力，教师应思考如何借助契机推动幼儿进行更深层次的学习。

（2）提供语言支架，引导幼儿思考方法的可行性（教师没有直接指出幼儿的回答是不合理的，而是通过语言引发幼儿思考：如果全班一起做一天值日生，会发生什么事情）。

问题五： 用什么方法让每个小朋友都愿意参与到值日工作中呢？

幼儿：我们可以轮流做值日生。

幼儿：我星期二做，他星期三做，每天由不同的人值日。

幼儿：我可以选跟好朋友一起值日吗？

幼儿：那我想跟叶叶一起值日。

教师：星期一到星期五，有5天都要做值日生，我们班有32个小朋友，每天有几个小朋友当值日生呢？

幼儿：我知道，应该是6个小朋友。

幼儿：我们可以按做操的队伍来分。

幼儿：可是做操有6个队伍，我们一个星期只有5天，多出来一个队伍。

幼儿：那就不用当值日生了。

幼儿：不行，大家都要一起做。

师：请你们分组讨论，我们班有32个小朋友，每天有几个小朋友当值日生呢？

幼儿自主组队，自发讨论想要哪一天值日，他们在思维导图中写下自己的名字。在最后的讨论环节，部分幼儿发现，星期一、星期二很多人选，星期四、星期五才一两个小朋友选。**珅珅**提出建议：如果大家都选星期一、星期二，星期四、星期五就没人选了，那就很少人做值日生了。这样星期四、星

五的值日生也会做得很慢，他们玩玩具的时间也会很少。选星期一的小朋友能不能重新选呀？

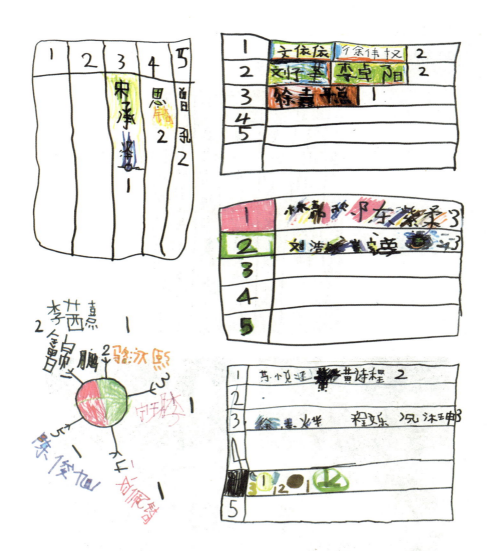

在**珅珅**的建议下，有几个小朋友服从安排，自愿调到人少那天。

大家发现，每一组讨论出来的结果只能看到某一天值日人数，不能看到全部。于是孩子们觉得应该都写在一张纸，所有小朋友的名字都在同一张上，大家才能清楚地知道是哪一天值日。

因为深深会写很多字，大家一致决定让深深当唱票人，将所有组的讨论结果呈现在一张纸上。

幼儿的学习：

（1）幼儿的自主性不断提升。

（2）幼儿合作意识的增强。

教师的思考

（1）用思维导图厘清幼儿学习的思路

教师通过思维导图引导幼儿思考——怎样将全班幼儿分配到每一天做值日，同时从侧面引导幼儿观察每一天需要有多少人做值日生。幼儿在分组中以表格形式呈现讨论结果，并且在数组讨论结果的对比下，发现周一、周二选择的人数较多。

（2）自主讨论引发幼儿新经验的产生

在自主讨论中，幼儿发现大多数同伴选择周一、周二，周四、周五甚少选择，并且在比较、观察中发现可能产生的问题，如没人值日、值日时间延长等。

课程进行过程中产生的问题怎样解决？孩子是有能力、有自信的学习者和沟通者，他们有能力通过协调、讨论解决问题。

问题六：值日任务有哪些？

自主讨论后，幼儿都已经清楚了解自己是哪一天值日了，但是具体做哪些事情呢？我们请幼儿回顾之前做值日的经历，用思维导图画下值日生工作。

（思维导图回顾值日内容—教师组织谈话：从晨间到离园，还有哪些任务是值

日生可以做的——用思维导图整理值日任务）

　　分组完成后，怎样让别人知道今天的值日生是谁，他负责什么呢？经过讨论，幼儿决定自己设计值日生牌，每个当值的值日生，在相应的任务上挂好自己的值日生牌。

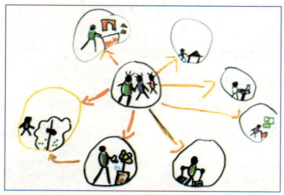

教师的思考

（1）固定化活动对幼儿的影响

前期任务因为是教师主导进行的，所以一开始让幼儿回顾当值日生的经验时，大部分幼儿都异口同声地说出浇花、擦桌子、洗毛巾、扫地、收拾玩具和书本这些约定俗成的内容。因此教师认为，有必要再和幼儿进行谈话，范围涵盖从晨间入园到离园所涉及的活动，期望重新扩展幼儿对值日任务的理解。

（2）独有的设计让幼儿充满期待

前期幼儿自己决定哪一天值日，体验当自己生活的主人，亲手制作的独一无二的值日生牌让每个幼儿都对值日生工作充满了新的期待。

问题七：谁来检查值日生的工作？

幼儿：我们可以安装摄像头，看摄像头就知道谁没做好了。

幼儿：摄像头那么高，我们怎么看。

幼儿：值日生要自己认真看喽。

幼儿：自己看也会搞不干净的。

幼儿：可以拜托老师检查呀。

幼儿：可以找小朋友来帮忙检查。

幼儿：我们可以像去圆玄小学看到的一样，找一个做得好的组长检查大家的工作。

幼儿：我们那一组的小朋友都是霸着当组长，不让别人当。

幼儿：我们的组长经常把事情推给我们做。

师：那什么样的小朋友才能当组长呢？

问题八：什么样的小朋友才能当组长？

幼儿：组长不能偷懒，要自己的事情自己做。

幼儿：组长不能随便发脾气。

幼儿：我觉得组长要去提醒那些不做值日的小朋友。

幼儿：组长要坚持，不怕累。

幼儿：组长还要讲道理，不能乱来。

幼儿：组长吃饭不拖拉。

幼儿：值日的内容那么多，组长还要分任务给值日生。

幼儿：如果有小朋友吵架，组长要帮忙阻止他们吵架。

最后我们决定，对于组长的选举，应该有一些标准，大家一致认为组长应该是这样的：好好吃饭、讲道理、不随便发脾气、遵守规则、会解决问题。

问题九：我想竞选组长。

（1）报名竞选组长

幼儿：我要报名当组长，我要提醒那些不干活、搞得不干净的小朋友。

幼儿：我也要当组长，我想像我哥哥那样当个组长。

幼儿：我也要当组长，这样我就能得到优秀组长的徽章了。

（2）拉票

幼儿：你可以选我当组长吗？

幼儿：我选你当组长，你选我当组长好吗？

幼儿：你选我，她也选我，我现在有5票了。

幼儿：你也要选我。

幼儿：我要选橙橙，她每次吃饭都好快，做事情也好快。

（3）推选代表进行唱票

在投票完毕后，教师请个别幼儿进行唱票。

幼儿：1，2，3，4，……哇，她已经有7票了。

幼儿：他只有2票。

幼儿：我帮你写，浩浩有4票。

（4）幼儿的学习

① 在竞选中发展人际交往能力。

② 积极参与的过程也是对自己能力认可、自尊自信的表现。

③ 在唱票过程中，幼儿的点数、数运算、比较能力得到发展。

（1）《指南》将社会领域的学习与发展分为"人际交往"和"社会适应"两个方面，组长竞选中的拉票也是一种人际交往（幼儿在决定选谁当组长、不选谁当组长时是一种对同伴、对事件认可的过程）。

（2）幼儿在唱票后，应该思考，如何让参与的面更广，而不仅仅存在于个别幼儿。

问题十：家庭值日体验。

值日生仅限于幼儿园吗？当然不是，教师将值日生活动延伸到家庭中，让幼儿作为家庭中的一员，为家庭服务。

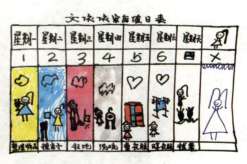

《纲要》指出：家长是教师重要的合作伙伴，教师应本着尊重、平等、合作的原则，争取家长的理解，让家长积极支持和主动参与，帮助家长提高教育能力。课程开展前，我们通过多种渠道让家长了解了值日工作对幼儿精细动作训练、责任心、任务意识培养的意义，所以家长积极配合，自然5+2>7！

3. 活动后：值日生的感受

（1）评选优秀值日生，获得徽章。

（2）快乐、辛苦、光荣。

教学反思★

孩子们通过"罢工"的方式，向教师发出信号：值日生的工作，我不想做！可是如果没有值日生，班级会变成什么样？我们怎样才能使值日生工作变得更快乐？孩子们通过讨论—观察—实践—规划等一系列方式让值日生工作变得更有意义。孩子们学会使用简单的劳动工具或用具熟练地进行值日生活动。同时，孩子们在这个过程中肩负起自己作为班级一分子的责任和担当。

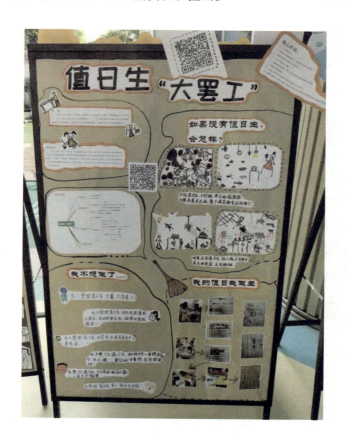

二、大班时间管理

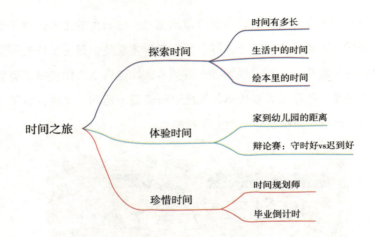

活动导图★

时间之旅
- 探索时间
  - 时间有多长
  - 生活中的时间
  - 绘本里的时间
- 体验时间
  - 家到幼儿园的距离
  - 辩论赛：守时好vs迟到好
- 珍惜时间
  - 时间规划师
  - 毕业倒计时

核心经验★

（1）对时间有更加深入的认知，知道时钟在生活中的作用，认识时钟。

（2）感知并了解时间变化的周期性，会按照时间规划一日生活。

（3）做事情能守时，不拖拉，具有时间管理意识，不浪费时间。

（4）能够根据一日生活各个环节做好相应的工作，如按时午睡、按时吃饭等，养成良好的生活作息时间。

课程实施★

1. 活动缘起

每年六一儿童节幼儿园都会给孩子们准备一份礼物，今年也不例外。伴随着欢快的音乐声，孩子们开心地接受了这份礼物。当教师告诉孩子们这是你们在幼儿园度过的最后一个六一儿童节，在最后的两个月里，希望你们珍惜彼此在一起的时间，互相帮助、互相爱护时，孩子们讨论起来："两个月是多长时间？""我们怎么算两个月的时间？"看着他们讨论得如此认真，教师也忍不住参与进来了。

再过几个月，孩子们就要进入小学生活了，为了给孩子们渗透时间意识，培养他们遵守时间、珍惜时间的好习惯，教师决定与他们共同开启"时间之旅"，从而让他们学会时间管理并懂得时间的宝贵。

2. 探索时间

师：时间有多长？

幼儿：时间就是时钟的时针转一圈那么长。

幼儿：时间就像长城一样长。

幼儿：一天有24个小时。

幼儿：时间就是从家到幼儿园用的时间。

幼儿：时间就像我们的生命一样长。

时间的度量发生在我们生活的方方面面，那么时间到底有多长呢？晨间谈话中，教师与孩子们展开了讨论。

3. 生活中的时间

对于时间的概念，孩子们的想象力还真丰富。为了激发他们关于时间探索的兴趣，从实际生活中走进时间，感知时间，我们举行了活动"寻找隐藏在生活中的时间"，让孩子们兴奋不已，他们擦亮小眼睛找到了很多隐藏在家里的时间。

（1）微波炉定好时间，听到"叮"的一声，食物就熟啦！

（2）家里的墙上有时间，可以告诉我们现在几点了。

（3）怀表。

（4）电饭锅的时间可以告诉我们饭是不是煮熟了。

（5）沙漏也可以计时。

幼儿：老师，为什么会有沙漏呢？

师：沙漏是古时候的人们用来计时的，我们一起来看看古时候还有哪些计算器吧！

师：这个是日晷，太阳照射在晷针上，人们就可以看到时间啦。

幼儿：阴天的时候怎么办呢？

师：所以古时候的人们又制作了铜壶滴漏。

铜壶滴漏冬天结冰就不能用了，于是出现了沙漏。

沙漏翻来翻去好麻烦呀，于是人们又发明了机械钟。

机械钟结构复杂，零件的价钱比较贵，于是就有了现在我们每个小朋友家里都有的石英钟。

4. 绘本

孩子们在成长的过程中，由于年龄阶段特征的局限，自控能力比较差，时间观念不强，做起事情来总是慌慌张张，不能完全做到守时。

于是教师给孩子们讲述了绘本故事《慌张先生》，它具有独特的图画风格，幽默感十足，从幼儿的视角出发，让孩子们在欢笑的同时了解遵守时间、做事认真仔细的重要意义。

（1）认识整点、半点。

（2）制作手表。

（3）耶，完成啦！

5. 体验时间

一分钟可以做什么？

（1）挺直腰板静坐一分钟。

（2）一分钟我跳绳可以跳60下。

（3）一分钟我可以拍120次球。

（4）游戏一分钟。

孩子们经过亲身体验认识到，原来短短的一分钟在日常生活中不经意间就流走了。可是，孩子们在进行自主活动及户外体育活动时却发现，其实一分钟也能做很多事情，从中体验到相同时间内每个人所得到的收获是不同的。

随着活动的开展，孩子们对时间的兴趣越来越浓厚，开始留意自己做事情花费的时间。

6. 家到幼儿园的时间

一天在晨间活动中，他们进行讨论。

幼儿：妈妈说我家离幼儿园很近的，5分钟就到了！

幼儿：我家就比较远了，骑电动车要过很多个红绿灯呢。

幼儿：我家更远，我早上7：30就出门了，我到的时候幼儿园已经开门了！

于是，就有了以下的调查表。

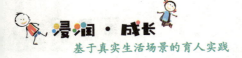

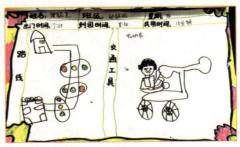

家园共育，我们发动孩子和家长进行一次上学时间测算，在实践体验中帮助孩子了解路程与时间、交通工具与时间的关系，帮助他们建立上学路程中的时间概念。

7. 珍惜时间

知道了自己上学花费了多长时间后，孩子们还想挑战一下一天能按时完成哪些事情。于是，我们与孩子们在周五放学前制作了周六的"时间计划表"，与时间进行约定，能完成的打"√"，不能完成的打"×"。

周一孩子们将自己的计划表带回园后，在班上与自己的小伙伴讨论起来。

有孩子说："你看，我的事情都按时完成了，所以都打了'√'。"有孩子说："我有两件事情没有按时完成，所以有两个'×'。"教师问："为什么没有按时完成呢？"孩子："因为后面时间不够啊。"教师："时间不够？那为什么别人可以完成自己制订的计划呢？"孩子一时语塞。

于是，教师又组织孩子们一起分享自己的时间计划表，并说一说自己是如何完成的。

完成的孩子说："我看着时间来做事情，做的时候认真完成，没有发呆，所以就能够按时完成啦！"

没完成的孩子说："我早上赖床了。""我因为贪玩就没有睡午觉。""我写的事情有点多了，做不过来。""我做事情的时候比较慢。"……

有孩子说："我们要珍惜时间，做事情时要认真，不能拖拖拉拉。""可以拿个闹钟放在旁边，这样就可以按时完成啦。""事情不要一下子列太多，要不然时间就不够用了。"

想到按时完成任务的办法后，孩子们决定再来计划一次，并下决心说："这次一定可以做到的。"

有了第一次的经验，这次大部分孩子都能够做到珍惜时间，不需要爸爸妈妈的催促，自己就能认真完成计划好的事情，给你们点赞哦！

教师通过播放视频，让孩子们直观地了解时间是延续的，永不停止，人的年龄会随之而增加，自己会慢慢长大……

视频——美好时光。

师：一寸光阴一寸金，在接下来的日子里，让我们一起做一名优秀的时间小主人，珍惜在幼儿园的欢乐时光，将美好的记忆永远留在心中！

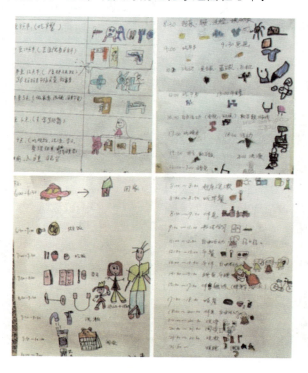

教学反思★

　　有人说时间就是生命，珍惜时间就是爱护生命。"一寸光阴一寸金，寸金难买寸光阴。"孩子用一个"为什么"开始了他们的探索时间之旅。在此过程中，他们不断地产生问题、解决问题、丰富经验、认识时间、感知时间、规划时间。教师通过班级环境资源、绘本资源等为幼儿在时间管理中提供了有力的支持，幼儿在轻松愉悦的氛围下大胆交流、展示，在师幼、幼幼互动中相互探讨与学习，在每一次计划、实施、交流分享中反观自身的行为习惯，从而养成良好的生活习惯。

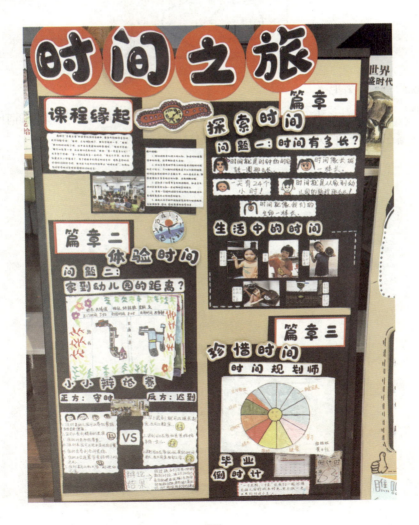

第四章

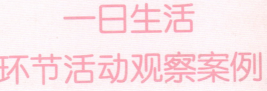

一日生活
环节活动观察案例

第一节　小班行为培养之盥洗

一、行为表现描述

小班孩子动手能力比较弱，因为他们刚上幼儿园。在班上，我们经常发现有的孩子在洗手时会出现洗手马虎、玩水等现象。在通过与家长沟通之后，我们了解到，有的家长认为孩子喜欢怎么洗就怎么洗，根本不需要学习；有的孩子在家都是长辈帮着洗或是用毛巾擦干净；大多数幼儿不知道洗手的规则与要求，即在洗手前要先挽袖子、如何正确地洗手等。

二、具体策略

1. 商量解决方法，对症下"药"

首先，班级三位老师各自讲述了从开学到现在班级中孩子们洗手时发现的问题，以及对孩子们不会挽袖子的原因进行了积极的讨论，并总结出针对孩子们洗手的改进方法与策略：① 运用儿歌，学习七步洗手法；②拍摄幼儿正确的洗手视频给其他幼儿观看并学习；③运用互帮互助巩固洗手的七个步骤。

2. 教师示范正确盥洗方法，日常强化巩固

小班是养成生活习惯的最佳时期。洗手是幼儿在园一日生活中自己经常做的一件事，培养幼儿良好的洗手习惯也为幼儿形成健康的生活方式奠定了基础。而朗朗上口的儿歌、同伴的示范、"找对错"游戏、环境的支持等都是让幼儿通过形象具体的形式进行模仿、学习。教师根据《一日生活科学保教指导手册》中盥洗的核心经验和教师的观测点，不断观察与指导幼儿，使其逐步形成了良好的盥洗习惯。经过一段时间，班上大部分幼儿都能够按"七步洗手法"的正确方法洗手，也知道当

穿长袖衣服时要先卷好袖子；饭前便后、手脏时知道主动洗手；人多时，知道排队洗手；知道节约用水，洗手后将水龙头关紧。

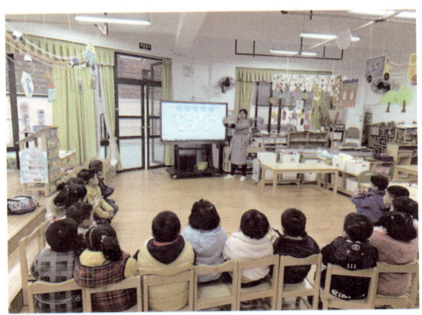

3. 环境同步盥洗方法，幼儿观察交流

《纲要》指出：环境是重要的教育资源，应通过环境的创设和利用，有效地促进幼儿的发展。教师应该充分利用其对孩子的发展所起到的"润物细无声"作用，将洗手融入其中，使环境与幼儿产生"对话"。例如，教师在创设环境时使用了温馨提示——将七步洗手法步骤图片呈现出来，让孩子在"可视"的环境中直观地进行模仿与学习。

在一日生活中的过渡环节、幼儿自主活动时间，孩子们都喜欢这里看看，那里瞧瞧，而墙上有趣的示意图正好提醒孩子们正确的盥洗方法。

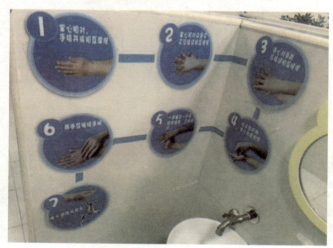

4. 家长支持配合打卡，家园携手共进

我们经常与家长沟通，了解幼儿在家中的盥洗情况，引进家庭教育中的经验，使幼儿园的教育更具针对性；同时，让家长了解幼儿园盥洗习惯培养的要求及方法，使家园教育保持同步，形成合力；建议家长在家中为幼儿创设良好、便利的盥洗环境，给孩子准备专用的洗手液、毛巾、润肤油等用品，这些用品最好放在幼儿可以自由取放的地方。教师还通过视频向家长分享幼儿在班级中盥洗的情况，指导家长及时对孩子的进步给予肯定和奖励，同时要求孩子在家进行盥洗时采取正确的方式，不断强化要求，形成习惯。

5. 运用记录方式，养成正确的洗手好习惯

教师和幼儿一起设计了一张"卫生小能手"的成长表格，幼儿每天对自己的洗手情况进行真实评价。同时，教师跟进盥洗行为表现，检查、检测幼儿盥洗情况。若当日做到认真洗手，幼儿可以给自己做个喜欢的标记，坚持认真洗手一个月的幼儿成为"卫生小能手"，并获得一封表扬信。

三、教师反思

幼儿良好习惯的养成需要一致性、坚持性。因此，教师要与家庭配合，充分发挥环境的教育价值，运用多种方法与策略，根据幼儿的经验、兴趣及发展需要，在一日生活中培养其生活自理能力，使其逐步形成健康的生活规则与习惯。

第二节　中班行为培养之进餐

一、行为表现描述

刚升上中班，教师发现部分幼儿在进餐时常有这样一些表现：有的不愿意自己吃饭，等着老师来给自己喂饭；有的紧紧抱着自己的物品坐着不吃饭；还有的拒绝老师喂饭，翻饭碗，挑食偏食……出现这些行为的原因主要是个别幼儿对于幼儿园的环境还不能完全适应，幼儿与教师的依恋信任感尚未真正建立起来，缺乏安全感；心理焦虑，不愿吃饭；未能建立良好的进餐常规与习惯。为了帮助幼儿摆脱焦虑情绪，让幼儿愿意在幼儿园进餐，更快更好地掌握用餐的技能，我们通过创设温馨的环境、设计有趣的儿歌游戏、家园携手等途径促进幼儿养成良好的进餐习惯。

二、指导策略

1. 环境暗示，显性指导

环境是第三位老师，具有暗示作用。我们通过设置半封闭的环境、提供给幼儿最喜欢的家人照片、放置幼儿的依恋物、创设"今天我喜欢吃……"的主题墙，充分给予幼儿安全感，帮助幼儿尽快适应幼儿园的进餐环境；通过喊幼儿的乳名，让幼儿

感受到妈妈一样的温暖，从而增进幼儿和老师的亲近感，减轻幼儿的进餐焦虑，使幼儿能轻松愉快地进餐，以此达到润物细无声的教育效果。

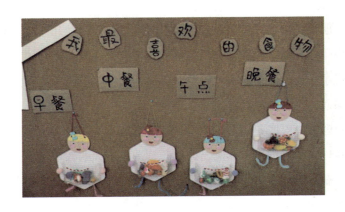

2. 说做一体，游戏激趣

升到中班的4~5岁的幼儿有了初步的手眼协调能力，具有好动、模仿的特点，我们运用短小有趣、朗朗上口的儿歌，趣味十足的游戏，配合形象化的语言，引导幼儿边说边做，使幼儿在看看、说说、学学、做做中轻松习得使用小勺、咀嚼、吞咽及剥蛋壳的进餐技能，实现了学者无意、教者有心的教育效果。同时，我们在区域中投放了《安静专心吃饭》《不做漏嘴巴》等图书，创设正确使用小勺、自己吃饭等墙面环境，在餐前、餐后等过渡环节中与幼儿共读一本进餐主题的书，不断激发幼儿自己吃饭、独立进餐的欲望。

3. 家长以身作则，家园携手共进

《纲要》明确指出：家庭是幼儿园的重要合作伙伴，幼儿园应与家庭、社区密切合作，与小学相互衔接，综合利用各种教育资源，共同为幼儿的发展创造良好的条件。在制订了行为习惯培养方案以及在集体活动中示范了正确拿勺子技巧后，教师在面对面沟通、班群信息以及家园交流成长手册中都与家长进行了充分的沟通，赢得了家长的理解与支持。

家长以身作则，家园携手共进，为幼儿创造了一致的教育环境。家长和教师站在统一战线，有原则地放手，给予孩子充分的独立进餐的机会。班级中全体家长全力支持幼儿园工作并在微信班群中打卡，将幼儿在家进餐的情况及时反馈教师，回园后师幼共同观看小视频，教师及时给予幼儿肯定和奖励……家园要求保持一致，使幼儿良好的饮食习惯得到巩固。

4. 文明进餐，光盘行动

习近平总书记倡导"厉行节约、反对浪费"的社会风尚，让我们的孩子在幼小的心灵培植"节约资源、尊重劳动"的美德，营造文明饮食文化的班级氛围也在教师的行动中。

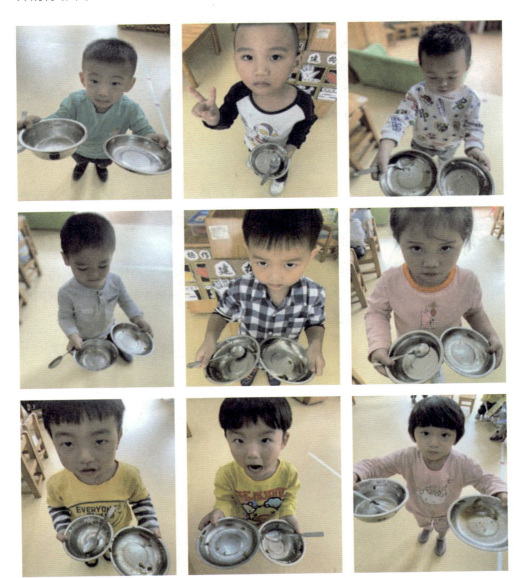

在幼儿逐步适应幼儿园的进餐环境，乐意并能独立进餐后，教师开始关注幼儿的进餐量和进餐习惯，注意到个别幼儿虽然开始愿意进餐了，但常常吃一半就不想吃了，每次都有剩菜剩饭。于是，教师针对粮食浪费的现象又开展了"光盘行动"。教师通过动画故事《一粒米的故事》激发幼儿的兴趣，通过故事的讲述，让幼儿了解到每一粒米都来之不易；经历漫长的生长过程，终结成果，为人类解决了饱腹的问题。讲述后，又提出问题：我们怎么做才能不浪费粮食？"不挑食，吃多少装多少，把饭菜吃光……"通过谈话，教师和孩子们一起约定每天进餐必须"光盘行动"，并将他们在园进餐的情况进行记录，光盘的孩子还可以得到1枚印章，在月末总结时集满15枚印章可以得到一份神秘礼物。

三、教师反思

从刚升上中班部分孩子还要老师喂饭，个别幼儿出现挑食、剩饭剩菜等现象到全体幼儿能够自己独立进餐，可以说是发生了"翻天覆地"的变化。孩子们的进步离不开教师的耐心指导和有效的策略，更离不开家长的支持。养成良好的进餐习惯，不是一朝一夕就可以完成的，需要教师运用游戏化、生活化的指导方法与策略，需要不断引导与鼓励，更需要家长的支持和配合。相信在教师和家长的共同努力下，孩子们定能养成良好的进餐习惯。

第三节　大班自理能力培养之值日

一、行为表现描述

　　午餐后是孩子自主选择区域材料的时间，11点45分开始便有吃完午餐的孩子陆陆续续地坐在榻榻米边上玩区域材料或者自带的小玩具。教师看到午餐时间到11点55分，班上只剩下三个孩子坐在一桌吃午餐，但其余桌面还未清洁，也没有值日生前来打扫卫生，教师便开始询问："今天的值日生是谁呢？"一旁玩玩具的子恒说："是展辉和焌玮。"教师又问："他们在哪儿呢？"子恒说："我看见他们和别的小朋友一起玩玩具。"教师一看，展辉和焌玮正坐在榻榻米上，拿着玩具和同伴商量着如何玩。教师问："展辉、焌玮，你们是今天的值日生哦，今天的值日生都完成值日生工作了吗？"焌玮紧张地说："噢，还没有，我现在去叫他们。"展辉还不忘嘱咐小伙伴"我等会儿回来再和你们一起玩"，说完就跑去寻找他的组员了。然后急急忙忙地拿抹布开始擦桌子、洗骨碟、抹布、扫地……打扫了一会儿，展辉又走去榻榻米看小伙伴玩得怎么样了，不时地问："老师，我清洁完了吗？我可以去玩了吗？"教师看他心不在焉的样子，问道："益智区打扫好了吗？"展辉回答："还有一张桌子没清洁，因为还有三个小朋友没有吃完。我想先去玩一会儿，等他们吃完了，再过去继续打

扫。"这一情况反映了幼儿对于值日生工作的随意性与被动性。

于是，教师组织孩子们进行关于值日生的讨论，帮助孩子理解值日生的意义和责任，并通过拍摄其他班值日生的工作视频，组织孩子们观看、讨论，进一步帮助孩子明确值日生工作的角色、内容、要求和方法。另外，教师还制作了值日生袖章，以此强化值日生角色；通过"亮身份"增强值日生工作带来的荣誉感与自豪感。经过一系列讨探索与实践，现在班上的值日生工作分工清晰、明确，大家都争先恐后地抢着做！

二、指导策略

1. 保教结合，将值日生工作纳入课程内容

根据班级一日生活的内容、大班幼儿的经验水平，教师可与幼儿共同讨论以下几个问题：什么是值日生？小朋友为什么要做值日？值日生可以做哪些事情？对需要完成的事情要怎样进行分工？帮助幼儿明确值日生的意义和责任以及值日生工作的内容与要求。

另外，教师可以加强与保育员的配合，对值日生进行指导。教师可以根据值日生的工作内容开展一系列教育活动，让幼儿学习协商、合作，熟练掌握工作方法。

2. 增强环境支持，明确职能并激发兴趣

针对之前的值日生表现，教师可以通过班级讨论，与幼儿设计值日主题墙，展示值日生的工作时间及内容，让幼儿随时观察与学习；同时设置值日制度、评比制

度等，让幼儿自主选择值日时间与负责工作。教师也可以创设与幼儿生活息息相关的角色模仿游戏区，如小餐厅、小水吧、小厨房等，提高幼儿为他人服务的意识和分工、协商、合作的能力；同时让幼儿在承担任务，为他人、为集体服务中获得成就感。

3. 激发创意，及时对值日生工作给予评价、鼓励

教师可以与幼儿协商，制定一些有创意性的评价措施，鼓励幼儿积极参与值日生工作，不断提高值日生工作的高效性。

教师可将值日生分成5个小组，既明确分工又体现团结合作；在每周的周五开展值日生评比活动，让值日生对本周的值日生工作完成情况进行自评与互评，发现自己在值日生工作中的不足并找到改进的办法；让全班幼儿对一周的值日生进行投票，评选出本周"最受欢迎值日生"，以此激发幼儿保持对值日生工作的积极性，同时感受自己的值日生工作对班集体的重要性，逐步培养幼儿的责任感和劳动意识。

教师可以利用辅助材料，如值日生袖章、值日生挂牌等值日生标志让其他幼儿了解值日生工作的表现，便于对值日生工作做出准确的评价。

4. 家园配合，共同培养良好行为习惯

教师可有目的地引导家长，让幼儿在家中参与劳动，为幼儿提供多种劳动的机会，让幼儿做一些力所能及的事情，提高自己的动手能力及为他人、为集体服务的意识与能力。

三、教师反思

幼儿的自我服务能力不仅是其适应社会的重要前提，而且对幼儿的独立性、自信心等的发展也有重要影响。因此，教师应将自我服务能力教育贯穿于幼儿的一日生活之中，如值日生工作的自主讨论、植物角的照顾等，以此帮助幼儿做力所能及的事情，支持幼儿在习得生活自理能力的基础上提升自我服务的能力。